essentials

essentials liefern aktuelles Wissen in konzentrierter Form. Die Essenz dessen, worauf es als „State-of-the-Art" in der gegenwärtigen Fachdiskussion oder in der Praxis ankommt. *essentials* informieren schnell, unkompliziert und verständlich

- als Einführung in ein aktuelles Thema aus Ihrem Fachgebiet
- als Einstieg in ein für Sie noch unbekanntes Themenfeld
- als Einblick, um zum Thema mitreden zu können

Die Bücher in elektronischer und gedruckter Form bringen das Expertenwissen von Springer-Fachautoren kompakt zur Darstellung. Sie sind besonders für die Nutzung als eBook auf Tablet-PCs, eBook-Readern und Smartphones geeignet. *essentials:* Wissensbausteine aus den Wirtschafts-, Sozial- und Geisteswissenschaften, aus Technik und Naturwissenschaften sowie aus Medizin, Psychologie und Gesundheitsberufen. Von renommierten Autoren aller Springer-Verlagsmarken.

Weitere Bände in der Reihe http://www.springer.com/series/13088

Jana Brauweiler · Markus Will
Anke Zenker-Hoffmann · Jörg Wiesner

Arbeitsschutzrecht

Ein Einstieg in die Materie

2., aktualisierte Auflage

Springer Gabler

Jana Brauweiler
Fakultät Natur- und
Umweltwissenschaften
Hochschule Zittau/Görlitz
Zittau, Deutschland

Anke Zenker-Hoffmann
Fakultät Natur- und
Umweltwissenschaften
Hochschule Zittau/Görlitz
Zittau, Deutschland

Markus Will
Fakultät Natur- und
Umweltwissenschaften
Hochschule Zittau/Görlitz
Zittau, Deutschland

Jörg Wiesner
NovaFAB: Beratung | Beauftragung |
Audit | Training
Halle (Saale), Deutschland

ISSN 2197-6708   ISSN 2197-6716   (electronic)
essentials
ISBN 978-3-658-21467-8   ISBN 978-3-658-21468-5   (eBook)
https://doi.org/10.1007/978-3-658-21468-5

Die Deutsche Nationalbibliothek verzeichnet diese Publikation in der Deutschen Nationalbibliografie; detaillierte bibliografische Daten sind im Internet über http://dnb.d-nb.de abrufbar.

Springer Gabler

Gedruckt auf säurefreiem und chlorfrei gebleichtem Papier

Springer Gabler ist ein Imprint der eingetragenen Gesellschaft Springer Fachmedien Wiesbaden GmbH und ist ein Teil von Springer Nature
Die Anschrift der Gesellschaft ist: Abraham-Lincoln-Str. 46, 65189 Wiesbaden, Germany

Was Sie in diesem *essential* finden können

- einen guten Überblick über Wesen und Aufgaben des dualen Arbeitsschutzrechts in Deutschland
- einen Einblick in Regelungsbereiche des staatlichen Arbeitsschutzrechts
- fundierte Erläuterungen wichtiger Arbeitsschutzgesetze und -verordnungen,
- einen Einstieg in Systematik und Regelungsschwerpunkte des Autonomen Arbeitsschutzrechts der Unfallversicherungsträger,
- einen Überblick über Haftungsfragen im Arbeitsschutz.

Vorwort

Dieses Essential ist eine 2., überarbeitete Auflage und basiert auf dem Studienbrief „Arbeitsschutzrecht" von Prof. Dr. Jana Brauweiler und Uwe Hülle, 1. Auflage 2015, welcher bei der AKAD University Stuttgart im berufsbegleitenden Masterstudiengang „Systemisches Management und Nachhaltigkeit (M. Sc.)" eingesetzt wird. Das Essential erläutert in kompakter Form, die grundlegenden rechtlichen Regelungen im Arbeitsschutzrecht in Deutschland. Da der Bereich des Arbeitsschutzrechtes ständigen Änderungen, Ergänzungen, Neuerungen unterlegen ist, wird im Schwerpunkt auf internetgestützte Quellenangaben verwiesen, in denen entweder die Rechtstexte nachlesbar sind oder die Interpretationshilfen darstellen. Zu grundsätzlichen Ausführungen wird eine Auswahl von Literatur aus dem Arbeitsschutzrecht verwendet. Das Essential basiert auf dem Rechtsstand März 2018.

Leitfaden für den Leser
Ein Buch wie dieses eignet sich für unterschiedliche Lesetypen und persönlichen Zeitbudgets. Hier unsere Empfehlungen:

- Sie haben sehr wenig Zeit oder kennen sich bereits mit der Thematik aus und möchten sich schnell einen Überblick verschaffen? Dann blättern Sie einfach mal durch, vielleicht finden Sie Stellen, die Sie besonders interessieren und in die Sie sich vielleicht ein anderes Mal vertiefen wollen. **Lektürezeit: etwa 15 min**
- Sie haben etwas mehr Zeit zur Verfügung und möchten wissen, welche Aspekte des Arbeitsschutzrechts in diesem Buch angesprochen werden? Dann lesen Sie die Einleitung und die Zusammenfassungen der einzelnen Kapitel! Die **Lektürezeit** umfasst **etwa 45 min**.

- Sie wollen dieses Essential als Einstieg in das Thema oder als Auffrischung nutzen? Dann laden wir Sie ein, sich ausführlich mit dem Buch auseinanderzusetzen, die Texte gründlich zu lesen und sich ggf. Notizen zu machen oder ihren Vortrag oder ihre Präsentation nebenbei zu beginnen. Vielleicht finden Sie in unseren Literaturempfehlungen auch Publikationen, mit denen Sie einzelne Aspekte vertiefen können. **Lektürezeit: mindestens drei Stunden.**

Inhaltsverzeichnis

Systematik des Arbeitsschutzrechts

1

Gesetze, Vorschriften und Regeln im Arbeitsschutz werden in Deutschland im Rahmen des sog. dualen Arbeitsschutzsystems realisiert – im staatlichen Arbeitsschutzrecht und im Autonomen Unfallverhütungsrecht der Unfallversicherungsträger. Flankiert werden diese durch Regeln und Normen privatwirtschaftlicher Organisationen.[1] Im Folgenden wird diese Systematik und die Regelungsbereiche des bundesdeutschen Arbeitsschutzrechtes vorgestellt und ein historischer Exkurs vorgenommen.

1.1 EU-Arbeitsschutzrecht

Die *arbeitsschutzrechtliche Grundlage* für Deutschland wird durch das *EU-Arbeitsschutzrecht* gebildet. Auf dem Gebiet des Arbeitsschutzes werden im Bereich der Europäischen Union

- EU-Verordnungen und
- EU-Richtlinien (RL)

für relevante Regelungsbereiche erlassen. Ziel ist eine *Harmonisierung des internationalen Arbeitsschutzrechts*. Die wichtigsten Grundsätze des europäischen Arbeitsschutzes werden durch folgende RL festgelegt:

- RL 2001/95 Allgemeine Produktsicherheit,
- RL 89/391 Rahmenrichtlinie Arbeitsschutz,

---

[1]Vgl. Kern und Schmauder (2005, S. 217).

© Springer Fachmedien Wiesbaden GmbH, ein Teil von Springer Nature 2018
J. Brauweiler et al., *Arbeitsschutzrecht,* essentials,
https://doi.org/10.1007/978-3-658-21468-5_1

- RL 2003/88 Bestimmte Aspekte der Arbeitszeitgestaltung,
- RL 94/33 Jugendarbeitsschutz,
- RL 92/85 Mutterschutzrichtlinie.

▶ **Definition** *Europäische RL* können an alle oder nur an einzelne Mitgliedsstaaten gerichtet sein, sie setzen Ziele fest, die von den Mitgliedsstaaten erreicht werden müssen. Die Art der Zielerreichung obliegt den Mitgliedsstaaten. Gefordert wird die *Umsetzung in nationales Recht innerhalb einer vorgegebenen Frist*.[2]

EU-Verordnungen (VO) dagegen richten sich zwar auch an alle Mitgliedsstaaten und sind für diese verbindlich, eine *Umsetzung in nationales Recht ist freiwillig*.

Durch das nationale Arbeitsschutzrecht werden die RL der Europäischen Union umgesetzt. Bei den in diesem Essential erläuterten Rechtsgebieten wird auf die zugrunde liegenden RL der Europäischen Union hingewiesen.

1.2   Arbeitsschutzrecht in Deutschland

Das duale Arbeitsschutzrecht umfasst neben dem staatlichen Arbeitsschutzrecht auch das Autonome Arbeitsschutzrecht der gesetzlichen Unfallversicherungsträger.

▶ **Definition** Das staatliche Arbeitsschutzrecht und das Autonome Arbeitsschutzrecht *ergänzen sich* in ihren Regelungen und Tätigkeiten, sie „… *wirken gemeinsam, aber mit unterschiedlichen gesetzlichen Grundlagen und Kompetenzen …*".[3]

Der Zusammenhang zwischen beiden Regelungsbereichen ist folgender:

- *Gesetze und Verordnungen* werden *durch den Bund* (durch das Bundesministerium für Arbeit und Soziales) sowie – sofern für das Bundesgebiet keine einheitliche rechtliche Regelung durch den Bund erfolgt ist – *durch die Bundesländer* (durch die jeweiligen Landesministerien für Arbeit und Soziales) *erlassen*, um die Arbeitsschutz-RL der Europäischen Union in nationales Arbeitsschutzrecht umzusetzen.

---

[2]In Anlehnung an Kern und Schmauder (2005, S. 220).
[3]Kern und Schmauder (2005, S. 226).

- Bei Durchführung und Überwachung des Arbeitsschutzes werden Bund und Länder *durch staatliche Institutionen unterstützt.* Auf Bundesebene ist dies die Bundesanstalt für Arbeitsschutz und Arbeitsmedizin (BAuA), auf Landesebene sind das z. B. Staatliche Ämter für Arbeitsschutz, Dezernate für Arbeitsschutz und Gewerbeaufsichtsämter. Sie sind zuständig für:
  - Prävention
  - Information,
  - Aus- und Weiterbildung,
  - Mitarbeit in Ausschüssen,
  - Durchführung von Kontrollen,
  - Unfalluntersuchungen, Schadensermittlungen,
  - Einleitung von Schutzmaßnahmen,
  - Prüfung von Beschwerden,
  - Prüfung von gesetzlich vorgeschriebenen Anzeigen,
  - Erteilung von Genehmigungen und Ausnahmen,
  - Abgabe von Stellungnahmen und Gutachten
  - Ableitung von Sanktionsmaßnahmen bei Zuwiderhandlungen.
- Nach § 15 des Sozialgesetzbuch VII (SGB) wurden die Unfallversicherungsträger – dazu gehören gewerbliche Berufsgenossenschaften (BG), die landwirtschaftliche Unfallversicherung sowie die Unfallversicherungträger der öffentlichen Hand – ermächtigt, *unfallverhütungsrechtliche Regelungen als autonome Vorschriften zu erlassen.*
- Das Unfallverhütungsrecht *spezifiziert* das staatlich erlassene Arbeitsschutzrecht *durch branchenspezifische Regelungen,* die als Mindestvorschriften für Unternehmen/Organisationen zu verstehen sind.
- Vorgaben des Unfallverhütungsrechtes sind in den sog. Berufsgenossenschaftliche Vorschriften (DGUV-V) bzw. Unfallverhütungsvorschriften (UVV) festgeschrieben. Diese Vorschriften werden durch Berufsgenossenschaftliche Regeln (DGUV-R), Berufsgenossenschaftliche Informationen (DGUV-I) sowie Berufsgenossenschaftliche Grundsätze (DGUV-G) ergänzt (vgl. Tab. 1.1). Der Bund ist zuständig für die Fachaufsicht über die Unfallversicherungsträger und genehmigt die DGUV Vorschriften der Unfallversicherungsträger. Daneben haben die Unfallversicherungsträger noch weitere Aufgaben, wie z. B. Prävention, Ursachenforschung, Rehabilitation und Entschädigungszahlungen (vgl. zu. Wesen und Struktur, Aufgaben sowie das Regelwerk der Unfallversicherungsträger Kap. 3).

Tab. 1.1 Regelungsbereiche und -formen im deutschen Arbeitsschutzrecht. (Quelle: Eigene Darstellung)

Beispiele für Gesetze	Beispiele staatlicher Verordnungen	Beispiele für DGUV-V/ DGUV-R/DGUV-I/DGUV-G
Rechtliche Grundpflichten der Arbeitgeber und Arbeitnehmer		
Arbeitsschutzgesetz (ArbSchG) Arbeitssicherheitsgesetz (ASiG) Siebte Sozialgesetzbuch (SGB VII) Gewerbeordnung (GewO)	Arbeitsstättenverordnung (ArbStättV) Verordnung zur arbeitsmedizinischen Vorsorge (ArbMedVV)	DGUV-V 1 Grundsätze der Prävention DGUV Vorschrift 2 Betriebsärzte und Fachkräfte für Arbeitssicherheit
Arbeitsstättenrecht		
Arbeitsschutzgesetz (ArbSchG)	Arbeitsstättenverordnung (ArbStättV) Baustellenverordnung (BaustellV)	DGUV Information 208-005 – Treppen
Arbeitszeitregelungen		
Arbeitszeitgesetz (ArbZG)	Fahrpersonalverordnung (FPersV)	BGR 500/Teil 2, Kap. 2.35 Betreiben von Kälteanlagen, Wärmepumpen und Kühleinrichtungen
Schutz bestimmter Personengruppen		
Jugendarbeitsschutzgesetz (JArbSchG) Mutterschutzgesetz (MuSchG) Schwerbehinderte (SGB IX)	Verordnung zum Schutz der Mütter am Arbeitsplatz (MuSchArbV)	DGUV-V 1 Grundsätze der Prävention DGUV Vorschrift 70 Fahrzeuge
Beschaffenheit, Inverkehrbringen und Betreiben von Maschinen, Geräten und Anlagen		
Produktsicherheitsgesetz (ProdSG) Gesetz über die elektromagnetische Verträglichkeit von Betriebsmitteln (EMVG)	Betriebssicherheitsverordnung (BetrSichV) Explosionsschutzverordnung (11. ProdSV)	DGUV Regel 100–500 Betreiben von Arbeitsmitteln
Schutz vor Gefahrstoffen und anderen Einwirkungen am Arbeitsplatz		
Chemikaliengesetz (ChemG)	Gefahrstoffverordnung (GefStoffV) Biostoffverordnung (BioStoffV)	DGUV Information 213-033 Gefahrstoffe in Werkstätten DGUV Vorschrift 15 Elektromagnetische Felder

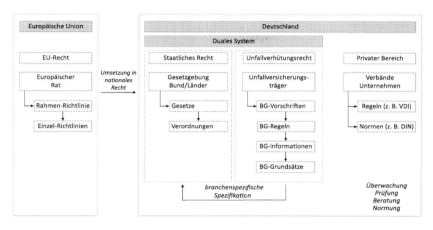

Abb. 1.1 Systematik des Deutschen Arbeitsschutzrecht. (Quelle: Eigene Darstellung)

Untersetzt wird das duale Arbeitsschutzsystem durch privatwirtschaftliche Organisationen, deren Aufgabengebiete die *aktive Unfallverhütung durch Überwachung, Prüfung, Beratung* (z. B. Technische Überwachungsvereine wie TÜV, DEKRA) und die *Normung von Regelungen* (z. B. DIN, VDI) umfasst (vgl. Abb. 1.1).

1.3 Regelungsbereiche des Arbeitsschutzrechts

Die inhaltlichen Regelungsbereiche des Arbeitsschutzrechts beziehen sich auf folgende *Themenfelder*:[4]

- *Rechtliche Grundpflichten der Arbeitgeber (AG) und Arbeitnehmer (AN)*: Festlegung von Anforderungen an Unternehmer, Beschäftigte und Beauftragte;
- *Arbeitsstättenrecht*: Festlegung von Anforderungen an Einrichtung, Unterhaltung und Gestaltung von Arbeitsräumen, -plätzen, Transport- und Verkehrswegen, Pausen-, Umkleide-, Wasch- und Toilettenräume;
- *Arbeitszeitregelungen*: Vorschriften zu Dauer und Organisation der Arbeitszeit;
- *Schutz bestimmter Personengruppen:* Festlegung von Regelungen für schutzbedürftige Personengruppen wie z. B. Jugendliche oder behinderte Menschen,

---

[4]Vgl. Kern und Schmauder (2005, S. 222–223).

- *Beschaffen, Inverkehrbringen und Betreiben von Maschinen, Geräten und Anlagen:* Festlegung von Anforderungen an Beschaffenheit und Betrieb von Maschinen, Geräten, Anlagen und anderen Betreiber;
- *Schutz vor Gefahrstoffen und anderen Einwirkungen am Arbeitsplatz:* Festlegung von Anforderungen an Hersteller und Anwender zur Beherrschung von Stoffen mit gesundheitsschädigenden Eigenschaften.

Für diese Regelungsbereiche wurden Gesetze erlassen, die in allgemeingültiger Form die jeweiligen Rechtsgrundsätze beschreiben. Spezifiziert werden die dort festgelegten Schutz- und Gestaltungsziele durch staatliche Rechtsverordnungen sowie durch BGV, BGI, BGR (vgl. Tab. 1.1).

1.4   Geschichtlicher Hintergrund des Arbeitsschutzrechts

Das Arbeitsschutzrecht hat eine lange Tradition. Vielfältige Regelungsbereiche wurden im 19. Jahrhundert geschaffen, wie:

- 1839: Erlass des ersten Schutzgesetz für arbeitende Kinder,
- 1869: Erlass eines Kataloges über genehmigungsbedürftige Anlagen, (Preußische Gewerbeordnung)
- 1884: Einführung der Pflichtmitgliedschaft von Unternehmen in der gesetzlichen Unfallversicherung (Unfallversicherungsgesetz).

Im 20. Jahrhundert kamen erste Beschlüsse auf internationaler Ebene hinzu sowie Regelungen für bestimmte Bereiche, Personengruppen, Produkte, Stoffe, wie:

- 1938: Jugendarbeitsschutzgesetz,
- 1951: Mutterschutzgesetz,
- 1968: Produktsicherheit,
- 1971: Arbeitsstoffe.

Die beiden grundlegenden gesetzlichen Regelungen der deutschen Arbeitsschutzgesetzgebung, das Arbeitssicherheitsgesetz (ASiG) und das Arbeitsschutzgesetz (ArbSchG) wurden 1973 bzw. 1996 erlassen. Alle Regelungen sind in der Zwischenzeit novelliert worden.[5]

---

[5]Einen ausführlichen geschichtlichen Überblick gibt Lehder, 2011, S. 13–18.

▶ **Zusammenfassung:** Arbeitsschutzrechtliche Regelungen der EU bilden die Grundlage für das Arbeitsschutzrecht in Deutschland. Das deutsche Arbeitsschutzrecht ist als sogenanntes duales System etabliert worden. Dieses ist dadurch gekennzeichnet, dass nicht nur Bund, Länder und nachgeordnete Behörden Gesetze, Vorschriften und Richtlinien im Arbeitsschutzrecht erlassen, sondern auch die Unfallversicherungsträger der gewerblichen Berufsgenossenschaften, der landwirtschaftlichen Unfallversicherungen sowie der Unfallversicherungsträger der öffentlichen Hand Unfallverhütungsvorschriften erlassen können. Des Weiteren gibt es Regeln und Normen technischer Überwachungsvereine. Das Arbeitsschutzrecht hat in Deutschland eine seit dem 19. Jahrhundert bestehende Tradition.

Gesetze/Vorschriften im Staatlichen Arbeitsschutzrecht

2

Im Rahmen dieses Essentials wird eine Beschränkung auf die Themenfelder:

- Rechtliche Grundpflichten der AG und AN (vgl. Kap. 2.1),
- Arbeitsstättenrecht (vgl. Kap. 2.2),
- Schutz bestimmter Personengruppen (vgl. Kap. 2.3)

vorgenommen. In diesen Themenfeldern werden nicht alle relevanten Gesetze und Verordnungen erläutert, sondern eine Auswahl der in der Praxis relevantesten Regelungen getroffen.

Die Darstellungen sind wie folgt aufgebaut: Es wird zunächst ein Überblick über die wichtigsten Gesetze/Verordnungen im Themenfeld gegeben, bevor ausgewählte von ihnen erläutert werden. Dabei werden unter Verwendung der Formulierungen aus den § 1 der Gesetze/Verordnungen ihre Ziele erläutert. Es erfolgt danach eine schematische Darstellung von Aufbau und Regelungsbereichen der jeweiligen Rechtsgrundlagen, damit der Leser einen Überblick über deren Inhalte erhält. Ausgewählte Regelungen der Gesetze/Verordnungen werden erläutert, in dem der Gesetzes- bzw. Verordnungstext nach Abschnitten und nach Paragrafen strukturiert in komprimierter Form wiedergegeben wird. Dadurch soll ein grundsätzliches Verständnis über die rechtlichen Anforderungen aus den Gesetzen/Verordnungen vermittelt werden. Um dieses zu vertiefen, empfehlen wir parallel zu den Kapiteln dieses Essentials die dazugehörigen Rechtsgrundlagen zu studieren.

Aus den rechtlichen Festlegungen ergeben sich unternehmerische Handlungspflichten, z. B. bezogen auf die Durchführung von Gefährdungsbeurteilungen, von Schulungen und Unterweisungen, die Festlegung von Verantwortlichkeiten oder die Dokumentation. Es ist in diesem Rahmen nicht möglich, die sich aus den Rechtsnormen ergebenen Handlungspflichten mit Beispielen für ihre Umsetzung in der Praxis darzulegen. Hierzu wird auf die Ausführungen in den Essentials

© Springer Fachmedien Wiesbaden GmbH, ein Teil von Springer Nature 2018
J. Brauweiler et al., *Arbeitsschutzrecht*, essentials,
https://doi.org/10.1007/978-3-658-21468-5_2

„Arbeitsschutzmanagementsysteme nach ISO 45001" bzw. „Arbeitsschutzmanagementsysteme nach OHSAS 18001" von Brauweiler, Zenker-Hoffmann verwiesen.

2.1 Rechtliche Grundpflichten der Arbeitgeber und Arbeitnehmer

Die rechtlichen Grundpflichten von AG und AN werden in folgenden grundlegenden Gesetzen festgelegt, dem:

- Arbeitsschutzgesetz (ArbSchG) und
- Arbeitssicherheitsgesetz (ASiG).

Arbeitsschutzgesetz (ArbSchG) Das „Gesetz über die Durchführung von Maßnahmen des Arbeitsschutzes zur Verbesserung der Sicherheit und des Gesundheitsschutzes der Beschäftigten bei der Arbeit", kurz Arbeitsschutzgesetz (ArbSchG) wurde 1996 erlassen, die letzte Änderung erfolgte am 19.10.2013. Es dient der Umsetzung der:

- Richtlinie 89/391/EWG des Rates vom 12. Juni 1989 über die Durchführung von Maßnahmen zur Verbesserung der Sicherheit und des Gesundheitsschutzes der AN bei der Arbeit und
- Richtlinie 91/383/EWG des Rates vom 25. Juni 1991 zur Ergänzung der Maßnahmen zur Verbesserung der Sicherheit und des Gesundheitsschutzes von AN mit befristetem Arbeitsverhältnis oder Leiharbeitsverhältnis.

▶ **Definition** Das Arbeitsschutzgesetz dient dazu, „...*Sicherheit und Gesundheitsschutz der Beschäftigten bei der Arbeit durch Maßnahmen des Arbeitsschutzes zu sichern und zu verbessern.* Es gilt in allen Tätigkeitsbereichen..." (§ 1)

Abbildung 2.1 gibt einen Überblick über Aufbau und Regelungsbestände des ArbSchG.

Arbeitsschutzgesetz (ArbSchG)					
Erster Abschnitt Allgemeine Vorschriften §§ 1-2	Zweiter Abschnitt Pflichten der Arbeitgeber §§ 3-14	Dritter Abschnitt Rechte und Pflichten der Beschäftigten §§ 15-17	Vierter Abschnitt Verordnungsermächtigungen §§ 19-20	Fünfter Abschnitt Gemeinsame Deutsche Arbeitsschutzstrategie §§ 20a-b	Sechster Abschnitt Schlussvorschriften §§ 21-26

Abb. 2.1 Aufbau und Regelungsbestände des ArbSchG. (Quelle: Eigene Darstellung)

Abschnitt 2 beinhaltet *direkte Handlungsanweisungen für den AG.* Zunächst geht es um seine *Grundpflichten zur Gewährleistung von Arbeits- und Gesundheitsschutz der Beschäftigten bei der Arbeit* (§ 3) und um *die Berücksichtigung allgemeiner, nämlich gefahrenvermeidender und vorsorgender Handlungsgrundsätze* (§ 4). Bei den Regelungen wird somit auf *Prävention vor Gefahren sowie eine kontinuierliche Verbesserung orientiert* (vgl. nachfolgende Übersicht).

Paragraf	Inhalte
§ 3: *Grundpflichten* des AG	Der AG ist verpflichtet … • erforderliche Maßnahmen des Arbeitsschutzes umsetzen • Verbesserung von Sicherheit und Gesundheitsschutz der Beschäftigten anzustreben, • geeignete Organisation und Mittel bereitzustellen • zu gewährleisten, dass Führungskräfte und Beschäftigte bei der Umsetzung mitwirken
	Die Kosten dürfen nicht den Beschäftigten auferlegt werden
§ 4 *Allgemeine* Grundsätze	Der AG hat von folgenden Grundsätzen auszugehen: • Gefährdungen sollen vermieden bzw. so gering wie möglich gehalten werden • Bekämpfung der Gefahren an ihrer Quelle • Berücksichtigung des Standes der Technik, Arbeitsmedizin, Hygiene sowie wissenschaftlicher Erkenntnisse

Ein zweiter Schwerpunkt von Abschn. 2 stellt die Anforderung zur Durchführung (§ 5) und Dokumentation (§ 6) der *Beurteilung der Arbeitsbedingungen der Beschäftigten vor Aufnahme ihrer Tätigkeiten* dar (vgl. nachfolgende Übersicht). Dieser Aspekt wurde mit Erlass des ArbSchG im Jahr 1993 *neu eingeführt.* Von besonderer Bedeutung ist, dass *nicht nur klassische Gefährdungsfaktoren,* wie physikalische, chemische und biologische Faktoren in die Beurteilung eingehen sollen, sondern auch die Gestaltung von Arbeits- und Fertigungsverfahren, Arbeitsabläufen und eine unzureichende Qualifikation/Unterweisung der Beschäftigten. Aufgrund der Zunahme psychisch bedingter Erkrankungen durch die Arbeit wurden im Jahr 2013 *auch psychische Belastungen* als Gefährdungsfaktor aufgenommen[1].

---

[1]Siehe ausführlich zum Thema Gefährdungsbeurteilung Einhaus, Lugauer, Häußinger, 2018, S. 29–56.

Paragraf	Inhalte
§ 5: Beurteilung der Arbeitsbedingungen	Der AG hat: • die mit der Arbeit verbundenen Gefährdungen für die Beschäftigten zu ermitteln • auf dieser Grundlage Maßnahmen des Arbeitsschutzes abzuleiten Gleichartige Arbeitsbedingungen können in einer Beurteilung zusammengefasst werden
	Bedingungen, aus denen sich Gefährdungen ergeben können sein: • Gestaltung und Einrichtung von Arbeitsstätte/Arbeitsplatz • Physikalische, chemische, biologische Einwirkungen • Gestaltung, Auswahl, Einsatz von Arbeitsmitteln (Stoffen, Maschinen, Geräten, Anlagen) • Gestaltung von Arbeits- und Fertigungsverfahren, Arbeitsabläufen, Arbeitszeit • unzureichende Qualifikation und Unterweisung der Beschäftigten
§ 6: Dokumentation	Der AG muss: • Die Ergebnisse der Gefährdungsbeurteilung und die festgelegten Arbeitsschutzmaßnahmen dokumentieren (ab einer Größe von > 10 Mitarbeitern) • Unfälle in deren Folge ein Beschäftigter stirbt oder so verletzt wird, dass er stirbt oder durch die er länger als 3 Tage arbeits-/dienstunfähig ist, erfassen

In den weiteren Paragrafen wird geregelt,

- dass der AG bei der Übertragung von Aufgaben im Arbeitsschutzbereich auf Beschäftigte darauf achten muss, dass sie dazu *befähigt* sind (§ 7),
- dass AG verpflichtet sind, in Fragen des Arbeits- und Gesundheitsschutzes zusammenzuarbeiten, wenn auf dem eigenen Betriebsgelände Beschäftigte anderer AG tätig sind bzw. eigene Beschäftigte in anderen Unternehmen eingesetzt werden (§ 8),
- Bedingungen für den Einsatz und die Qualifikation von Beschäftigten in Arbeitsbedingungen mit besonderen Gefahren, ihre Rechte bei der Durchführung von erforderlichen Sofortmaßnahmen sowie der Wiedereinsatz in solchen Arbeitsbedingungen (§ 9).

Es folgen grundsätzliche Regelungen zu den Pflichten des AG bezogen auf *Erste Hilfe und sonstige Notfallmaßnahmen* (§ 10), die *Gewährleistung einer regelmäßigen arbeitsmedizinischen Vorsorge* (§ 11), *die regelmäßige, arbeitsplatzbezogene Unterweisung der Beschäftigten* (§ 12) sowie *generelle Regelungen zur Festlegung von für Arbeits- und Gesundheitsschutz verantwortlichen Personen* (§ 13) (vgl. nachfolgende Übersicht).

Paragraf	Inhalte
§ 10: Erste Hilfe und sonstige *Notfallmaßnahmen*	Der AG hat: • Maßnahmen zur Ersten Hilfe, Brandbekämpfung und Evakuierung der Beschäftigten zu treffen und dabei mit außerbetrieblichen Stellen zusammenzuarbeiten • Beschäftigte zu benennen, die o. g. Aufgaben wahrnehmen; Anzahl, Ausbildung und Ausrüstung dieser Beschäftigten müssen in angemessenem Verhältnis zu der Anzahl der Beschäftigten und den bestehenden besonderen Gefahren stehen Vor der Benennung dieser Beschäftigten ist der Betriebs-/Personalrat zu hören
§ 11: Arbeitsmedizinische *Vorsorge*	Der AG hat: • Beschäftigten zu ermöglichen, sich auf ihren Wunsch hin regelmäßig arbeitsmedizinisch untersuchen zu lassen
§ 12: *Unterweisungen*	Der AG hat: • die Beschäftigten über Sicherheit und Gesundheitsschutz bei der Arbeit ausreichend und angemessen zu unterweisen
	Dabei müssen Anweisungen und Erläuterungen für den speziellen Arbeitsplatz/Aufgabenbereich der Beschäftigten integriert sein
	Unterweisungen bei Einstellung, Veränderungen im Aufgabenbereich, neuen Arbeitsmitteln, Technologie, bei Aufnahme der Tätigkeit der Beschäftigten durchzuführen
	Unterweisung an die Gefährdungsentwicklung anzupassen und ggf. regelmäßig zu wiederholen
§ 13: *Verantwortliche Personen*	Nennung von Personengruppen, die neben dem AG verantwortlich für den Arbeitsschutz sind (z. B. gesetzliche Vertreter)
	Formulierung der Möglichkeit, zuverlässige und fachkundige Personen für die Aufgaben des Arbeitsschutzes zu beauftragen

Ein wesentliches Kennzeichen des ArbSchG ist es, dass es nicht nur die Pflichten des AG für einen umfassenden Arbeits- und Gesundheitsschutz definiert, *sondern auch Sorgfalts-, Anwendungs- und Mitwirkungspflichten der Beschäftigten* (§ 15, 16) sowie ihr *Vorschlags- und Beschwerderecht* zu arbeits- und gesundheitsschutzrelevanten Themenstellungen (§ 17) (vgl. nachfolgende Übersicht).

Paragraf	Inhalte
§ 15: Pflichten der Beschäftigten	Die Beschäftigten sind verpflichtet: • gemäß ihren Möglichkeiten, den Unterweisungen und Weisungen des AG für Sicherheit und Gesundheit bei der Arbeit Sorge zu tragen • Maschinen, Geräte, Werkzeuge, Arbeitsstoffe, Transportmittel, Schutzvorrichtungen usw. bestimmungsgemäß zu verwenden

Paragraf	Inhalte
§ 16: Besondere Unterstützungs-pflichten	Die Beschäftigten haben: • unverzügliche Meldepflicht bei Gefahren für Sicherheit und Gesundheit sowie bei festgestellten Defekten an den Schutzsystemen • den AG in Zusammenarbeit mit Betriebsarzt und Fachkraft für Arbeitssicherheit (Sifa) beim Arbeitsschutz zu unterstützen • festgestellte Mängel im Arbeitsschutz der Sifa, dem Betriebsarzt und dem Sicherheitsbeauftragten (SiB) mitzuteilen
§ 17: Rechte der Beschäftigten	Die Beschäftigten haben: • Vorschlagsrecht zu allen Fragen der Sicherheit und des Gesundheitsschutzes der Arbeit • Beschwerderecht bei der zuständigen Behörde, wenn sie der Auffassung sind, dass die Arbeitsschutzmaßnahmen des AG nicht ausreichend sind und der AG Beschwerden der Beschäftigten nicht abhilft

In Abschn. 4 „Verordnungsermächtigungen" wird darauf hingewiesen, dass die *Bundesregierung ermächtigt wird, dem AG Maßnahmen im Arbeitsschutz vorzuschreiben.* So kann sie z. B. durch Rechtsverordnungen den *Einsatz bestimmter Arbeitsmittel oder Verfahren verbieten* (§ 18). Weiterhin kann sie spezifizierende Rechtsverordnungen erlassen, z. B. bezogen auf die vorherrschenden Betriebs- und Arbeitsbedingungen durch die Betriebssicherheits- und die Arbeitsstättenverordnung, auf die wir in Kap. 2.2 eingehen werden, oder auf die bei der Arbeit eingesetzten Stoffe, z. B. durch die Gefahrstoffverordnung. Die im ArbSchG grundsätzlich formulierten unternehmerischen Handlungspflichten werden *daher durch eine Reihe von Verordnungen ergänzt und konkretisiert.*

In Abschn. 6 „Schlussvorschriften" werden u. a. erläutert:

- *Zuständige Behörden*, Zusammenwirken mit den Trägern der gesetzlichen Unfallversicherung (§ 21): Es werden die Aufgaben staatlicher Behörden auf Bundes- und Landesebene sowie die Aufgaben und Befugnisse der gesetzlichen Unfallversicherung definiert.
- *Befugnisse der zuständigen Behörden* (§ 22): Es werden die Rechte bezogen auf die Überwachungsaufgabe von Behörden festgelegt (z. B. Zutritts-, Besichtigungs-, Prüf- und Anordnungsrecht).
- *Betriebliche Daten, Zusammenarbeit mit anderen Behörden, Jahresbericht* (§ 23): Es werden Mitteilungspflichten der AG gegenüber der zuständigen Behörde sowie der Behörden gegenüber anderen Beteiligten im Arbeitsschutz (z. B. den Renten- oder Sozialversicherungsträgern sowie die Pflicht der

obersten Landesbehörde zur Erstellung eines Jahresberichtes über die Überwachungstätigkeiten der ihr unterstellten Behörden) festgelegt.

- *Ermächtigungen zum Erlass von allgemeinen Verwaltungsvorschriften* (§ 24), *Bußgeldvorschriften* (§ 25) oder *Strafvorschriften* (§ 26). In § 25 wird z. B. festgelegt, dass vorsätzliches oder fahrlässiges Zuwiderhandeln gegen eine Rechtsverordnung von AG und/oder Beschäftigten mit einer Geldbuße zwischen 5.000 und 25.000 € geahndet werden kann. Bei beharrlicher Wiederholung vorsätzlicher oder fahrlässiger Handlungen oder bei Vorsatz kann eine Freiheitsstrafe bis zu einem Jahr ausgesprochen werden (§ 26). (vgl. dazu auch Kap. 4)

▹ **Zusammenfassung:** Im ArbSchG werden sowohl die grundlegenden Pflichten des AG zur Gewährleistung eines vorsorgenden und sich ständig verbessernden Arbeits- und Gesundheitsschutz (z. B. zur Durchführung einer Beurteilung der Arbeitsbedingungen), als auch die Mitwirkungspflichten und Rechte der Beschäftigten im Arbeits- und Gesundheitsschutz geregelt. Diese grundlegenden Pflichten werden durch eine Reihe von Verordnungen, z. B. bezogen auf Betriebs- und Arbeitsstätten oder Gefahrstoffe, weiter spezifiziert.

Arbeitssicherheitsgesetz (ASiG) Das „Gesetz über Betriebsärzte, Sicherheitsingenieure und andere Fachkräfte für Arbeitssicherheit", kurz Arbeitssicherheitsgesetz (ASiG) wurde 1973 erlassen, die letzte Änderung erfolgte am 20.04.2013.

▹ **Definition** Nach dem ASiG hat der AG „*Betriebsärzte und Fachkräfte für Arbeitssicherheit zu bestellen. Diese sollen ihn beim Arbeitsschutz und bei der Unfallverhütung unterstützen.*" (§ 1)

Durch die Regelungen des ASiG soll sichergestellt werden, dass der AG bei der Umsetzung des Arbeits- und Gesundheitsschutzes *fachkundig beraten* wird.
    „Damit soll erreicht werden, dass:

1. die dem Arbeitsschutz und der Unfallverhütung dienenden Vorschriften den besonderen Betriebsverhältnissen entsprechend angewandt werden,
2. gesicherte arbeitsmedizinische und sicherheitstechnische Erkenntnisse zur Verbesserung des Arbeitsschutzes und der Unfallverhütung verwirklicht werden können,
3. die dem Arbeitsschutz und der Unfallverhütung dienenden Maßnahmen einen möglichst hohen Wirkungsgrad erreichen." (§ 1)

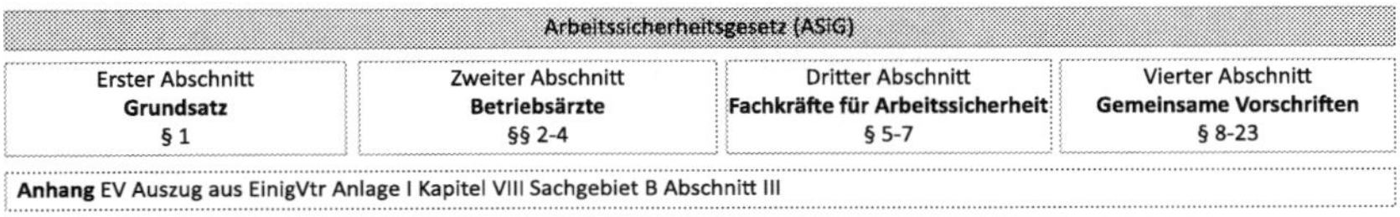

Arbeitssicherheitsgesetz (ASiG)			
Erster Abschnitt **Grundsatz** § 1	Zweiter Abschnitt **Betriebsärzte** §§ 2-4	Dritter Abschnitt **Fachkräfte für Arbeitssicherheit** § 5-7	Vierter Abschnitt **Gemeinsame Vorschriften** § 8-23

Anhang EV Auszug aus EinigVtr Anlage I Kapitel VIII Sachgebiet B Abschnitt III

Abb. 2.2　Aufbau und Regelungsbestände des ASiG. (Quelle: Eigene Darstellung)

Aufbau und Regelungsbereiche des ASiG stellt Abb. 2.2 dar.

Abschnitt 2 enthält die Pflicht zur Bestellung, die konkreten Aufgaben und die Fachkunde von Betriebsärzten (vgl. nachfolgende Übersicht).

Paragraf	Inhalte
§ 2: *Bestellung* von Betriebsärzten	Der AG hat: • Betriebsärzte zu bestellen und ihnen die Aufgaben gemäß § 3 zu übertragen • dafür zu sorgen, dass die Betriebsärzte ihre Aufgaben erfüllen und sie dabei zu unterstützen, z. B. durch Überlassung von Hilfspersonal und Räumen sowie Ermöglichung von Fortbildungen
§ 3: *Aufgaben* von Betriebsärzten	Unterstützung des AG in allen Fragen des Gesundheitsschutzes. Dazu gehört z. B. • Beratung des AG zu Fragen der Gestaltung von Betriebsanlagen, Arbeitsmitteln, -verfahren, -stoffen, -zeiten, der Ersten Hilfe, Wiedereingliederung von AN oder Beurteilung der Arbeitsbedingungen • Durchführung von arbeitsmedizinischen Untersuchungen der AN • Beobachtung der Umsetzung von Arbeitsschutz und Unfallverhütung im Betrieb, z. B. durch regelmäßige Begehungen oder Untersuchungen von arbeitsbedingten Erkrankungen • Belehrung der Beschäftigten über Unfall- und Gesundheitsgefahren sowie Anforderungen von Arbeits- und Unfallschutz
§ 4 *Anforderungen* an Betriebsärzte	Als Betriebsärzte dürfen nur fachkundige Personen und Ärzte bestellt werden

Abschnitt 3 spezifiziert die Anforderungen für die Sifa. Die Sifa hat die Aufgabe, den AG zu allen Fragen des Arbeits- und Gesundheitsschutzes zu beraten und zu unterstützen. Dafür muss sie nach einem staatlich vorgegebenen Ausbildungskonzept qualifiziert sein.

Abschnitt 3 enthält die *Pflicht zur Bestellung, eine Aufzählung der konkreten Aufgaben sowie Anforderungen an die Fachkunde von Fachkräften für Arbeitssicherheit* (vgl. nachfolgende Übersicht).

Paragraf	Inhalte
§ 5: *Bestellung* von Fachkräften für Arbeitssicherheit	Der AG hat: • Sifa zu bestellen und ihnen die Aufgaben gemäß § 6 zu übertragen • darauf zu achten, dass diese die übertragenen Aufgaben erfüllt • sie bei der Aufgabenerfüllung zu unterstützen (z. B. durch Bereitstellung von Räumen, Hilfspersonal, Geräten, Einrichtungen, Möglichkeiten zur Fortbildung)

§ 6: *Aufgaben* von Fachkräften für Arbeitssicherheit	Unterstützung des AG zu allen Fragen des der Arbeitssicherheit und menschengerechten Gestaltung der Arbeit. Dazu gehören:
	• Beratung des AG und anderer für Arbeitsschutz und Unfallverhütung verantwortlichen Personen bei
	  a) Planung, Ausführung und Unterhaltung von Betriebsanlagen, sozialen und sanitären Einrichtungen
	  b) Beschaffung von technischen Arbeitsmitteln, Einführung von Arbeitsverfahren und Arbeitsstoffen
	  c) Auswahl und Erprobung von Körperschutzmitteln
	  d) Gestaltung der Arbeitsplätze, des Arbeitsablaufs, der Arbeitsumgebung und zu Fragen der Ergonomie
	  e) Beurteilung der Arbeitsbedingungen
	• Sicherheitstechnische Überprüfung von Betriebsanlagen und technischen Arbeitsmittel, v. a. vor Inbetriebnahme/Einführung
	• Beobachtung der Durchführung des Arbeitsschutzes und der Unfallverhütung durch:
	  a) Regelmäßige Begehung der Arbeitsstätten und Mitteilung festgestellter Mängel an den AG oder andere verantwortliche Personen, Vorschlag von Maßnahmen zur Mängelbeseitigung und Hinwirkung auf deren Durchführung
	  b) Beachtung der Benutzung der Körperschutzmittel
	  c) Untersuchung der Ursachen von Arbeitsunfällen, Erfassung und Auswertung der Untersuchungsergebnisse, Vorschlag von Maßnahmen zur Verhütung dieser Arbeitsunfälle an den AG
	  d) Hinwirkung auf arbeitsschutzgerechtes Verhalten durch Belehrung und Schulungen

§ 7 *Anforderungen* an die Sifa	Sicherheitstechnische Fachkunde

Das ASiG enthält keine Vorschriften zum Erwerb der Fachkunde bzw. zur Art der Ausbildung. Das Bundesministerium für Arbeit und Sozialordnung hat im Rahmen seiner Fachaufsicht den Unfallversicherungsträgern einen Themenplan vorgegeben. Die Themen können im Direktstudium oder in Form eines Fernlehrgangs vermittelt werden. So z. B. haben sich die Unfallversicherungsträger der öffentlichen Hand für die Form eines Fernlehrgangs entschieden.

Die Ausbildung umfasst drei Stufen:

- Ausbildungsstufe I: Grundausbildung (Erwerb von Grund- und Handlungswissen in den Aufgabenfeldern der Sifa im Sinne eines allgemeinen „Handwerkszeugs")
- Ausbildungsstufe II: Vertiefende Ausbildung (Anwendung des erworbenen Wissens auf komplexe Anwendungsfelder, planerische und konzeptionelle Aufgaben bzw. Aufgaben zum betrieblichen Sicherheits- und Gesundheitsschutzmanagement.)
- Ausbildungsstufe III: Wirtschaftsbereichsbezogene Vertiefung und Erweiterung der Fachkunde (Ausrichtung auf betriebsartenspezifische Aufgaben und Tätigkeiten, dazu stehen fachspezifische Lektionen zur Verfügung, die entsprechend der Aufgaben und Tätigkeiten ausgewählt werden können.)[2]

In Abschn. 4 des ASiG werden *Vorschriften* beschrieben, die *sowohl für Betriebsärzte als auch für die Sifa* zutreffen. Auf folgende Regelungen wollen wir hinweisen:

- Sowohl für Betriebsärzte als auch für die Sifa gilt: Weisungsfreiheit, Benachteiligungsverbot, direkte Unterstellung des Betriebsleiters (§ 8),
- *Pflicht zur Zusammenarbeit mit dem Betriebsrat* durch seine Unterrichtung über wichtige Angelegenheiten des Arbeits- und Unfallschutzes, Zustimmung des Betriebsrates zur Bestellung und Abberufung der Sifa (§ 9),
- *Pflicht zur Zusammenarbeit zwischen Betriebsarzt und der Sifa*, z. B. durch gemeinsame Betriebsbegehungen, sowie Zusammenarbeit mit weiterem im Betrieb für Arbeits- und Unfallschutz tätigen Personen (§ 10),
- Pflicht zur Bestellung eines Arbeitsschutzausschusses ab einer Betriebsgröße von > 20 Mitarbeitern (Zusammensetzung: AG, zwei Betriebsratsmitgliedern, Betriebsarzt, Sifa, SiB) (§ 11),
- Betriebsärzte oder die Sifa können auch durch Verpflichtung eines überbetrieblichen Dienstes bestellt werden, d. h. sie müssen nicht unternehmensintern, sondern können auch unternehmensextern sein (§ 19),

Vorsätzliches oder fahrlässiges Verhalten kann auch hier mit einer Geldbuße bis zu 25.000 € (Zuwiderhandlungen) bzw. 500 € (nicht oder falsche Auskunfterteilung, Nichtduldung einer Besichtigung) geahndet werden (§ 20).

---

[2]Vgl. http://fernlehrgang.unfallkassen.de/webcom/show_article.php/_c-667/_nr-2292/_lkm-1208/i.html sowie DGUV (2012a) und DGUV (2012b).

Auch das ASiG definiert nur allgemeine Anforderungen an die Bestellung, Aufgaben und Anforderungen an Betriebsärzte und die Sifa. Spezifischere Regelungen sind in der DGUV Vorschrift 2 Betriebsärzte und Fachkräfte für Arbeitssicherheit geregelt.[3]

▶ **Zusammenfassung:** Das ASiG umfasst die Pflicht des AG zur Bestellung von Betriebsärzten und einer Sifa, die ihn bei der Umsetzung des Arbeits- und Gesundheitsschutzes fachkundig beraten sollen. Sie müssen eine entsprechende Fachkunde aufweisen und Aufgaben gemäß der Festlegungen des ASiG wahrnehmen.

2.2 Betriebssicherheits- und Arbeitsstättenrecht

Die im ArbSchG formulierten Grundpflichten des AG werden durch Verordnungen spezifiziert. Die rechtlichen Grundpflichten für einen sicheren Betrieb werden geregelt in der:

- Betriebssicherheitsverordnung (BetrSichV) und
- Arbeitsstättenverordnung (ArbStättV).

Während die BetrSichV auf einen sicheren Umgang mit Arbeitsmitteln und Anlagen orientiert und für Unternehmen und Betreiber überwachungsbedürftiger Anlagen eine maßgebliche rechtliche Grundlage für die Wahrnehmung der Arbeitgeberverantwortung darstellt, hat die ArbStättV die Sicherheit und dem Schutz der Gesundheit der Beschäftigten beim Einrichten und Betreiben von Arbeitsstätten (inklusive Baustellen) zum Ziel und enthält Anforderungen an die menschengerechte Gestaltung der Arbeit.

Betriebssicherheitsverordnung (BetrSichV) Die *„Verordnung über Sicherheit und Gesundheitsschutz bei der Bereitstellung von Arbeitsmitteln und deren Benutzung bei der Arbeit, über Sicherheit beim Betrieb überwachungsbedürftiger Anlagen und über die Organisation des betrieblichen Arbeitsschutzes"*, kurz Betriebssicherheitsverordnung (BetrSichV) wurde 2002 erlassen, die letzte Änderung erfolgte am 03.02.2015, sie trat zum 01.06.2015 in Kraft. Die novellierte BetrSichV ist nun die systematisch bessere Umsetzung der Richtlinie 2009/104/EG über Mindestvorschriften für Sicherheit und Gesundheitsschutz bei Benutzung von Arbeitsmitteln durch Arbeitnehmer bei der Arbeit.

---

[3]Vgl. DGUV (2011).

Betriebssicherheitsverordnung (BetrSichV)				
Abschnitt 1 Anwendungsbereich und Begriffsbestimmungen §§ 1-2	Abschnitt 2 Gefährdungsbeurteilung und Schutzmaßnahmen §§ 3-14	Abschnitt 3 Zusätzliche Vorschriften für überwachungsbedürftige Anlagen § 15-18	Abschnitt 4 Vollzugsregelungen und Ausschuss für Betriebssicherheit § 19-21	Abschnitt 5 Ordnungswidrigkeiten und Straftaten, Schlussvorschriften § 22-24

Anhang 1: Besondere Vorschriften für bestimmte Arbeitsmittel
Anhang 2: Prüfvorschriften für überwachungsbedürftige Anlagen
Anhang 3: Prüfvorschriften für bestimmte Arbeitsmittel

Abb. 2.3   Aufbau und Regelungsbestände der BetrSichV. (Quelle: Eigene Darstellung)

▶ **Definition** „Die BetrSichV gilt für die *Verwendung von Arbeitsmitteln. Ziel dieser Verordnung ist es, die Sicherheit und den Schutz der Gesundheit der Beschäftigten bei der Verwendung von Arbeitsmitteln zu gewährleisten.*" (§ 1) Dabei gilt sie auch für überwachungsbedürftige Anlagen und regelt den Schutz von anderen Personen im Gefahrenbereich dieser.[4]

Die BetrSichV gilt also für *jeden Betrieb, in dem Arbeitsmittel und überwachungsbedürftige Anlagen eingesetzt werden,* unabhängig von der Betriebsgröße oder Branchenzugehörigkeit. Sie *spezifiziert* auf Basis der allgemeinen Grundsätze des ArbSchG und sofern nicht in anderen Regelungen konkretisiert (z. B. dem Produktsicherheitsgesetz) die *Vorgaben für die Gefährdungsbeurteilung in Bezug auf Arbeitsmittel und arbeitsmittelbezogene Schutzmaßnahmen* (Abschn. 2), zusätzliche Vorschriften für *überwachungsbedürftige Anlagen* (Abschn. 3) sowie *Vollzugsregelungen* und die Anforderungen an den *Ausschuss für Betriebssicherheit* (Abschn. 4). In der seit 01.06.2015 geltenden Verordnung wurden Doppelregelungen beseitigt (z. B. bezogen auf den Explosionsschutz, der nun in die Gefahrstoffverordnung integriert wurde). Weiterhin werden ergonomischer Aspekte, psychischer Belastungen und die altersgerechte Arbeitsgestaltung stärker berücksichtigt.

Die Regelungsbereiche der BetrSichV stellt Abb. 2.3 dar.

In Abschn. 1 wird in § 1 zunächst der Anwendungsbereich erläutert und in § 2 wesentliche Begrifflichkeiten der Verordnung, wie z. B. Arbeitsmittel, Fachkunde, zur Prüfung befähigte Person, Instandhaltung, Gefahrenbereich oder überwachungsbedürftige Anlagen definiert. Zu Arbeitsmitteln zählen *„Werkzeuge, Geräte, Maschinen oder Anlagen, die für die Arbeit verwendet werden, sowie überwachungsbedürftige Anlagen"* (§ 2, Abs. 1).

---

[4]Darauf wird bei den Erläuterungen zu Abschn. 3 der BetrSichV eingegangen.

Abschnitt 2 enthält Vorschriften zur *Durchführung von Gefährdungsbeurteilungen bezogen auf die eingesetzten Arbeitsmittel* sowie die sich daraus ergebenen *Schutzmaßnahmen* bezogen auf Grundpflichten des AG bei der Ingangsetzungen oder Stillsetzen sowie bei der Verwendung von Arbeitsmitteln. Weiterhin werden Anforderungen an die *Instandhaltung* der Arbeitsmittel, der *Unterweisung, Prüfung* der Arbeitsmittel festgelegt (vgl. nachfolgende Übersicht).

Paragraf	Inhalte
§ 3: Gefährdungs-beurteilung	Konkretisierung der Anforderungen des ArbSchG §§ 4–5 und § 6 der GefStoffV, um notwendige Maßnahmen für eine sichere Bereitstellung und Benutzung der Arbeitsmittel zu ermitteln, in dem die Gefährdungen berücksichtigt werden, die sich aus der Benutzung der Arbeitsmittel bzw. deren Zusammenwirken mit anderen Arbeitsmitteln und –stoffen ergeben
	Ermittlung von Art, Umfang und Fristen erforderlicher Überprüfungen der Arbeitsmittel und der dafür fachkundigen Personen
§ 4 Grundpflichten des AG	Verwendung von Arbeitsmitteln erst nach durchgeführter Gefährdungsbeurteilung, abgeleiteter Schutzmaßnahmen sowie Feststellung der Sicherheit der Arbeitsmittel
	Bereitstellung ausreichender Schutzmaßnahmen nach dem Prinzip technisch vor organisatorisch vor persönlich
	Prüfpflicht für Arbeitsmittel
	Schaffung der personellen, finanziellen und organisatorischen Voraussetzungen für Arbeitsschutz
§ 5 Anforderungen an die *zur Verfügung gestellten Arbeits-mitteln*	Forderung, nur Arbeitsmittel zur Verfügung zu stellen, die für den vorgesehenen Einsatz sicher sind
	Arbeitsmittel mit Mängel dürfen nicht zur Verfügung gestellt werden
	Arbeitsmittel müssen den geltenden Rechtsvorschriften über Sicherheit und Gesundheitsschutz entsprechen,
	AG muss dafür sorgen, dass Beschäftigte nur die zur Verfügung gestellten Arbeitsmittel verwenden
§ 6 Grundlegende Schutzmaßnahmen bei der Verwendung von Arbeitsmitteln	AG hat dafür zu sorgen, dass: • bei Verwendung der Arbeitsmittel Belastungen, Fehlbeanspruchungen vermieden oder auf ein Mindestmaß reduziert werden • dass Beschäftigte nicht andere Personen bei der Verwendung der Arbeitsmittel gefährden • Grundsätze der menschengerechten Gestaltung der Arbeitsmittel berücksichtigt werden • vorhandene Schutzeinrichtungen zur Verfügung gestellt werden

§ 10 Instandhaltung und Änderung von Arbeitsmitteln	Pflicht des AG, Instandhaltungsmaßnahmen zu treffen (gemäß Herstellerangaben)
	Instandhaltungsmaßnahmen sind auf Grundlage einer Gefährdungsbeurteilung sicher durzuführen, dürfen nur von fachkundigen Personen durchgeführt werden
	AG muss Rahmenbedingungen für die Durchführung der Instandhaltung gewährleisten
§ 12 Unterrichtung und besondere *Beauftragung von Beschäftigten*	Konkretisierung der Pflicht des AG für Unterrichtung aus §§ 12 und 14 ArbSchG
	Formulierung der Anforderung zur Erstellung von Betriebsanweisungen für benutzte Arbeitsmittel mit Benennung von Pflichtangaben (Einsatzbedingungen, absehbare Betriebsstörungen und bei Benutzung vorliegenden Erfahrungen)
	Verwendung von Arbeitsmitteln mit besonderer Gefährdung nur durch speziell beauftragte Personen
§ 14 Prüfung der Arbeitsmittel	Pflicht zur Prüfung von Arbeitsmitteln: • deren Sicherheit von Montagebedingungen abhängig ist (z. B. bei Arbeitsmitteln, die vor der ersten Inbetriebnahme zusammengesetzt, montiert und aufgestellt werden) • wenn die Arbeitsmittel Schäden verursachenden Einflüssen unterliegen, die zu gefährlichen Situationen führen können (z. B. durch Verschleiß, Verschmutzung, Alterung) • wenn außergewöhnliche Ereignisse stattgefunden haben, die schädigende Auswirkungen auf die Sicherheit der Arbeitsmittel haben können (z. B. Unfälle, Naturereignisse) • nach Instandsetzungsarbeiten, welche die Sicherheit der Arbeitsmittel beeinträchtigen können • für Arbeitsplätze, einschließlich Arbeitsmitteln in explosionsgefährdeten Bereichen • für überwachungsbedürftige Anlagen im Sinne der BetrSichV

Auf zwei Anforderungen aus Abschn. 2 wollen wir etwas genauer eingehen. Aus § 4 und § 14 ergibt sich die Pflicht, Arbeitsmittel regelmäßig auf ihre Funktionsfähigkeit sowie Unversehrtheit zu überprüfen. Es ist zweckmäßig, dafür einen *Prüfkalender* zu erstellen, in dem die prüfpflichtigen Arbeitsmittel nummeriert und mit Prüfdatum und dafür beauftragtem fachkundigen Prüfpersonal (intern oder extern) erfasst werden.

Der § 12 enthält neben den Forderungen für Unterrichtung und Unterweisung auch die Anforderung zur Erstellung von Betriebsanweisungen für benutzte Arbeitsmittel und Anlagen. Betriebsanweisungen umfassen Informationen, Hinweise und Anweisungen für die Mitarbeiter bezogen auf den Umgang mit gefährlichen

Stoffen, mit Arbeitsmitteln oder für die Durchführung von bestimmten Tätigkeiten. Ihre Erstellung wird in den jeweiligen Rechtsgrundlagen vorgeschrieben (z. B. § 9 ArbSchG, § 9 BetrSichV, § 14 GefStoffV). Sie sind vom AG zu erstellen und an der Stelle, an der die Tätigkeit ausgeübt oder mit den betreffenden Arbeitsmittel/ Stoff gearbeitet wird, den betroffenen Mitarbeitern zugänglich zu machen. Die Betriebsanweisungen nach BetrSichV müssen mindestens Angaben über die Einsatzbedingungen, über absehbare Betriebsstörungen und über die bezüglich der Benutzung des Arbeitsmittels vorliegenden Erfahrungen enthalten (siehe § 9 ArbSchG und § 9 BetrSichV). Abb. 2.4 gibt ein Beispiel. Die Informationen der Betriebsanweisung müssen den Mitarbeitern durch Unterweisung bekannt gemacht werden.

Wie erwähnt gilt die BetrSichV auch für überwachungsbedürftige Anlagen im Sinne des § 2 Nr. 30 des Produktsicherheitsgesetzes, „soweit es sich handelt um:

- Dampfkesselanlagen,
- Druckbehälteranlagen außer Dampfkesseln,
- Füllanlagen,
- Rohrleitungen unter innerem Überdruck für entzündliche, leicht entzündlicheleichtentzündliche, hochentzündliche, ätzende, giftige oder sehr giftige Gase, Dämpfe oder Flüs- sigkeiten,
- Aufzugsanlagen wie Personen-Umlaufaufzüge oder Mühlen-Bremsfahrstühle, aber mit Ausnahme von Aufzugsanlagen wie Schiffshebewerke, Geräte und Anlagen zur Regalbedienung, Fahrtreppen und Fahrsteige, Schrägbahnen, ausgenommen Schrägaufzüge, handbetriebene Aufzugsanlagen, Fördereinrichtungen, die mit Kranen fest verbunden und zur Beförderung der Kranführer bestimmt sind, versenkbare Steuerhäuser auf Binnenschiffen.
- Anlagen in explosionsgefährdeten Bereichen,
- Lageranlagen, Füllstellen, Tankstellen und Flugfeldbetankungsanlagen, Entleerstellen soweit entzündliche, leicht entzündlicheleichtentzündliche oder hochentzündliche Flüs- sigkeiten gelagert oder abgefüllt werden."

Alle Vorschriften für überwachungsbedürftige Anlagen sind in Abschn. 3 enthalten, insbesondere für deren *Prüfung vor Inbetriebnahme und vor Wiederinbetriebnahme* (§ 15), für *Wiederkehrende Prüfungen* (§ 16), *Prüfaufzeichnungen und -bescheinigungen* (§ 17) und die *Erlaubnispflicht* (§ 18).

Abschnitt 4 umfasst Vollzugsregelungen wie die unverzügliche Meldepflicht für Unfälle, bei denen ein Mensch getötet oder verletzt wurde bzw. Bauteile oder sicherheitstechnische Einrichtungen versagt haben bzw. beschädigt worden (§ 19) oder Anforderungen an den Ausschuss für Betriebssicherheit (§ 21). Abschnitt 5 umfasst Regelungen zu Ordnungswidrigkeiten (§ 22) und Straftaten (§ 24).

Nr.	BETRIEBSANWEISUNG	Stand: abgezeichnet am:

ANWENDUNGSBEREICH

Betriebsanweisung für den Einsatz der Hubarbeitsbühne AWP 30S

GEFAHREN FÜR MENSCH UND UMWELT

- Absturzgefahr
- Unkontrollierte Bewegung durch unbeabsichtigtes Ingangsetzen
- Kollisionsgefahr
- Umsturzgefahr
- Herabfallen von Gegenständen
- Quetschgefahr
- Gefahr der Beschädigung von Bauteilen
- Stromschlag
- Gefahr durch Batterie (Säure, Explosionsgefahr, Stromschlag beim Laden)

SCHUTZMASSNAHMEN UND VERHALTENSREGELN

- Bedienungsanleitung des Herstellers beachten!
- Nur jährlich geprüfte Hubarbeitsbühne benutzen.
- Schlüssel nur für berechtigten Personen zugängig aufbewahren
- Berechtigte Personen benennen und unterweisen.
- Benutzer der Arbeitsbühne und der Gabelstaplerfahrer müssen Schutzhelme tragen
- Betriebsanleitung des Herstellers beachten.
- Max. Tragfähigkeit: 159 kg
- Max. zulässige seitl. Kraft: 222 N   per Hand: 200 N
- Zulässige Personenzahl: 1

VERHALTEN BEI UNFÄLLEN – ERSTE HILFE

- Erste-Hilfe-Maßnahmen einleiten.
- Unfall melden; **Notruf:** (0) 112   .
- Ersthelfer (Herr Mustermann, Tel. …. oder ……

VERHALTEN BEI STÖRUNGEN UND IM GEFAHRFALL

- Hubarbeitsbühne stillsetzen.
- Verantwortlichen informieren
  - Bei Störungen ist Herr Mustermann Tel.: …..zu informieren.

INSTANDHALTUNG, ENTSORGUNG

Instandhaltung und Wartung erfolgt durch Fa. ………..

Abb. 2.4 Musterbetriebsanweisung für eine Arbeitsbühne. (Quelle: Eigene Darstellung)

Die BetrSichV enthält im Anhang:

- *Besondere Vorschriften für bestimmte Arbeitsmittel* (Anhang 1), z. B. für mobile, selbstfahrende Arbeitsmittel, für Arbeitsmittel zum Heben von Lasten, für Arbeitsmittel bei zeitweiligen Arbeiten auf hoch gelegenen Arbeitsmittel, für aufzugs- und Druckanlagen.
- *Prüfvorschriften für überwachungsbedürftige Anlagen* (Anhang 2) wie z. B. zugelassene Überwachungsstellen, Aufzugsanlagen, Explosionsgefährdungen, Druckanlagen
- *Prüfvorschriften für bestimmte Arbeitsmittel* (Anhang 3), wie z. B. Krane, Flüssiggasanlagen, Maschinentechnische Arbeitsmittel der Veranstaltungstechnik.

Die BetrSichV wird ergänzt durch die *technischen Regeln für Betriebssicherheit* (TRBS).

▶ **Definition** Die TRBS „geben den *Stand der Technik, der Arbeitsmedizin und Hygiene* entsprechende Regeln und sonstige gesicherte arbeitswissenschaft- liche Erkenntnisse für die Bereitstellung und Benutzung von Arbeitsmitteln sowie für den Betrieb überwachungsbedürftiger Anlagen wieder. Die Technische Regel konkretisiert die Betriebssicherheitsverordnung (BetrSichV) hinsichtlich der Ermittlung und Bewertung von Gefährdungen sowie der Ableitung von geeigneten Maßnahmen. Bei Anwendung der beispielhaft genannten Maßnahmen kann der AG insoweit die Vermutung der Einhaltung der Vorschriften der Betriebssicherheitsverordnung für sich geltend machen. Wählt der AG eine andere Lösung, hat er die gleichwertige Erfüllung der Verordnung schriftlich nachzuweisen."[5]

Die TRBS werden vom Ausschuss für Betriebssicherheit erarbeitet (§ 24).
   Tab. 2.1 gibt einen Überblick über Gliederung der TRBS und ausgewählte aktuell geltende TRBS.

▶ **Zusammenfassung:** Die BetrSichV spezifiziert die rechtlichen Grundpflichten des AG aus dem ArbSchG bezogen auf einen sicheren Umgang mit Arbeitsmitteln und Anlagen. Es werden Anforderungen an die Bereitstellung, Beschaffenheit und Prüfung von Arbeitsmitteln beschrieben. Die Pflicht zur Durchführung einer Gefährdungsbeurteilung sowie zur Unterrichtung und

---

[5]http://www.bfga.de/arbeitsschutz-lexikon-von-a-bis-z/fachbegriffe-s-u/trbs.

Tab. 2.1 Überblick über TRBS. (Quelle: www.umwelt-online.de/www.baua.de)

Allgemeine Gliederung	
1000	Allgemeines
1112	Instandhaltung
1201	Prüfungen von Arbeitsmitteln und überwachungsbedürftigen Anlagen
1203	Befähigte Personen
2111	Mechanische Gefährdungen
2121	Gefährdung von Personen durch Absturz
2131	Elektrische Gefährdungen
2141	Gefährdungen durch Dampf und Druck
2152	Gefährliche explosionsfähige Atmosphäre
2200	Spezifische Regeln für Arbeitsmittel, Anlagen, Tätigkeiten - sofern erforderlich
Detailgliederung am Beispiel	
2111	Mechanische Gefährdungen
2111–1	Maßnahmen zum Schutz vor kontrolliert bewegten ungeschützten Teilen
2111–2	Maßnahmen zum Schutz vor unkontrolliert bewegten Teilen
2111–3	Maßnahmen zum Schutz vor gefährlichen Oberflächen
2111–4	Maßnahmen zum Schutz vor Gefährdungen durch mobile Arbeitsmittel

Unterweisung wird in Bezug auf Gefahren und Schutzmaßnahmen bezogen auf Arbeitsmittel konkretisiert. Die BetrSichV gilt auch für bestimmte überwachungsbedürftige Anlagen. Die BetrSichV wird ergänzt durch TRBS.

Arbeitsstättenverordnung (ArbStättV) Die „Verordnung über Arbeitsstätten", kurz Arbeitsstättenverordnung (ArbStättV) wurde 2004 erlassen und mit der Verordnung zur Änderung von Arbeitsschutzverordnungen (Artikel 1 Änderung der Arbeitsstättenverordnung) ist die aktuelle Verordnung seit 3. Dezember 2016 in Kraft getreten.

Die ArbStättV dient der nationalen Umsetzung mehrerer europäischer Richtlinien:

- der EG-Richtlinie 89/654/EWG des Rates vom 30. November 1989 über Mindestvorschriften für Sicherheit und Gesundheitsschutz in Arbeitsstätten,
- der Richtlinie 92/58/EWG des Rates vom 24. Juni 1992 über Mindestvorschriften für die Sicherheits- und/oder Gesundheitsschutzkennzeichnung am Arbeitsplatz

- des Anhangs IV (Mindestvorschriften für Sicherheit und Gesundheitsschutz auf Baustellen) der Richtlinie 92/57/EWG des Rates vom 24. Juni 1992 über die auf zeitlich begrenzte oder ortsveränderliche Baustellen anzuwendenden Mindestvorschriften für die Sicherheit und den Gesundheitsschutz.

▶ **Definition** „Diese Verordnung dient der *Sicherheit und dem Gesundheitsschutz der Beschäftigten beim Einrichten und Betreiben von Arbeitsstätten.*" (§ 1) Adressat ist der Arbeitgeber, der dafür Sorge trägt, dass von der Arbeitsstätte keine Gefährdung für die Beschäftigten ausgeht und verbleibende Gefährdungen möglichst gering gehalten werden.[6]

Ziel der ArbStättV ist es, die Beschäftigten innerhalb der Arbeitsstätte zu schützen. Denn eine nicht ordnungsgemäße Beschaffenheit, Einrichtung und Unterhaltung von Arbeitsstätten kann zu Arbeits- und Gesundheitsschutzgefahren führen (z. B. nicht ordnungsgemäß gesicherte Treppen). Des Weiteren dient die ArbStättV der menschengerechten Gestaltung der Arbeit. Dies sind vor allem Forderungen nach gesundheitlich zuträglichen Luft-, Klima- und Beleuchtungsverhältnissen sowie nach einwandfreien sozialen Einrichtungen, insbesondere Sanitär- und Erholungsräume.[7]

Mit der vorliegenden neusten Novellierung wurde die Bildschirmarbeitsverordnung mit gerinfügigen Änderungen in die Arbeitsstättenverordnung übernommen und tritt außer Kraft. Weiterhin wurden Regelungen zu Telearbeitsplätzen und zu mobilen Arbeitsmitteln an stationären Arbeitsplätzen ergänzt. Des Weiteren wurden psychische Belastungen der Beschäftigten in Arbeitsstätten bei der Gefährdungsbeurteilung, zum Beispiel Lärm, Beleuchtung, Raumklima, Platzmangel und ergonomische Mängel berücksichtigt sowie Klarstellungen und Regelungen zum Nichtraucherschutz bei Arbeitsstätten mit Publikumsverkehr, zu Unterweisungen, Regelungen zur Sichtverbindung nach außen (natürliches Tageslicht) und zur Absturzgefährdung vorgenommen.

Die ArbStättV besteht aus 9 Paragrafen in denen allgemeine Schutzziele für die definierten Arbeitsstätten festgelegt sind. Weiterhin werden im Anhang, der in sechs Abschnitte unterteilt ist, Anforderungen an Arbeitsstätten beschrieben (Abb. 2.5).

---

[6]Vgl. https://www.baua.de/DE/Themen/Arbeitsgestaltung-im-Betrieb/Arbeitsstaetten/Arbeitsstaettenverordnung/Arbeitsstaettenverordnung_node.html.
[7]Vgl. Ebd.

Abb. 2.5 Aufbau und Regelungsbestände der ArbStättV. (Quelle: Eigene Darstellung)

Die ArbStättV ist gemäß § 1 gültig für alle Arbeitsstätten, außer für die in § 1 (5) definierten Betriebe, die dem Bundesberggesetz unterliegen. Weitere gesonderte Anwendungregeln dieser Verordnung gibt es für in in § 2 (6) beschriebenen Einrichtungen den Bundes. Ebenfalls gibt es Arbeitsstätten für die nur ausgewählte Anforderungen gelten, wie:

- *§ 5: Nichtraucherschutz und Anhang 1.3. Sicherheits- und Gesundheitsschutzkennzeichnung* ⇒ Reisegewerbe und Marktverkehr, Transportmitteln für den öffentlichen Verkehr, Felder, Wälder und sonstige Flächen, die zu einem land- oder forstwirtschaftlichen Betrieb gehören, aber außerhalb seiner bebauten Fläche liegen.
- *§ 3: Gefährdungsbeurteilung, § 6: Unterweisung der Beschäftigten und Anhang 6: Maßnahmen zur Gestaltung von Bildschirmarbeitsplätzen* ⇒ Telearbeitsplätze

Die in § 2 Begriffsbestimmungen definierten Arbeitsstätten sind:

- Arbeitsräume[8] oder andere Orte in Gebäuden auf dem Gelände eines Betriebes,
- Orte im Freien auf dem Gelände eines Betriebes,
- Orte auf Baustellen,
- Orte auf dem Gelände eines Betriebes oder einer Baustelle, zu denen Beschäftigte im Rahmen ihrer Arbeit Zugang haben,
- Verkehrswege, Fluchtwege, Notausgänge, Lager-, Maschinen- und Nebenräume, Sanitärräume, Kantinen, Pausen- und Bereitschaftsräume, Erste-Hilfe-Räume, Unterkünfte sowie

---

[8]§ 2 (3) und (4) Arbeitsräume sind die Räume, in denen Arbeitsplätze innerhalb von Gebäuden dauerhaft eingerichtet sind. Arbeitsplätze sind Bereiche, in denen Beschäftigte im Rahmen ihrer Arbeit tätig sind.

- Einrichtungen, die dem Betreiben der Arbeitsstätte dienen, insbesondere Sicherheitsbeleuchtungen, Feuerlöscheinrichtungen, Versorgungseinrichtungen, Beleuchtungsanlagen, raumlufttechnische Anlagen, Signalanlagen, Energieverteilungsanlagen, Türen und Tore, Fahrsteige, Fahrtreppen, Laderampen und Steigleitern.
- NEU: Bildschirmarbeitsplätze definiert als Arbeitsplätze, die sich in Arbeitsräumen befinden und die mit Bildschirmgeräten und sonstigen Arbeitsmitteln ausgestattet sind
- NEU: Telearbeitsplätze definiert als vom Arbeitgeber fest eingerichtete Bildschirmarbeitsplätze im Privatbereich der Beschäftigten.

Für die genannten Arbeitsstätten werden *Rahmenbedingungen* für die Einrichtung (Bereitstellung und Ausgestaltung), das Betreiben (Benutzen, Instandhalten und Optimieren) sowie *technische Anforderungen* (Stand der Technik), *Anforderungen an Arbeitsmedizin und Hygiene sowie an die Fachkunde* definiert.

Neben den in § 2 gültigen relevanten Begriffen umfassen die weiteren Paragrafen Vorschriften zur *Durchführung der Gefährdungsbeurteilung für Arbeitsstätten* (§ 3), *das Einrichten und Betreiben von Arbeitsstätten* (§ 3a, 4), den Nichtraucherschutz (§ 5).

Die in der bisherigen Fassung in § 6 aufgeführten spezifischen *Bestimmungen für Arbeits-, Sanitär-, Pausen-, Bereitschafts-, Erste-Hilfe-Räume und Unterkünfte* wurden in der gültigen Fassung gestrichen und im Anhang zusammengefasst. Durch die Zusammenführung von gleichen Sachverhalten im Anhang der Verordnung wird die Anwendung der ArbStättV erleichtert.

Paragraf	Inhalte
§ 3: Durchführung *Gefährdungsbeurteilung*	Konkretisierung der nach § 5 ArbSchG geforderten Gefährdungsbeurteilung für Gefährdungen beim Einrichten und dem Betrieb von Arbeitsstätten; NEU: Beurteilung der physischen und psychischen Belastungen sowie bei Bildschirmarbeitsplätzen insbesondere die Belastungen der Augen oder die Gefährdung des Sehvermögens.
	Fachkundige Durchführung und Pflicht zur Dokumentation der Gefährdungen am Arbeitsplatz und der Schutzmaßnahmen

§ 3a Einrichten und Betreiben von Arbeitsstätten	Generelle Anforderung, Arbeitsstätten so einzurichten und zu betreiben, dass von ihnen keine Gefährdungen ausgehen können
	Berücksichtigung des Standes der Technik und der Technischen Regeln für Arbeitsstätten (ASR)
	Bei Beschäftigung von Menschen mit Behinderungen sind Arbeitsstätten so einzurichten und zu betreiben, dass die besonderen Belange dieser im Hinblick auf Sicherheit und Gesundheitsschutz berücksichtigt werden (Barrierefreiheit)
§ 4 Besondere Anforderungen an das Betreiben von Arbeitsstätten	Arbeitsstätten sind instand zu halten und festgestellte Mängel unverzüglich abstellen
	Können Mängel mit erheblicher Gefahr nicht sofort beseitigt werden, ist die Arbeit einzustellen
	Gewährleistung hygienischer Erfordernisse
	Sicherheitseinrichtungen (z. B. Sicherheitsbeleuchtung, Feuerlöscheinrichtungen, Signalanlagen, Notaggregate, Notschalter, raumlufttechnische Anlagen) sind regelmäßig sachgerecht zu warten und die Funktionsfähigkeit zu prüfen
	Pflicht zur Freihaltung von Verkehrswegen, Fluchtwegen, Notausgängen
	Pflicht zur Erstellung eines Flucht- und Rettungsplanes, Auslage oder Aushang des Planes, Durchführung regelmäßiger Notfallübungen
§ 5 Nichtraucherschutz	Schutz der Nichtraucher vor rauchenden Beschäftigten, Möglichkeit ein allgemeines oder beschränktes Rauchverbot zu erlassen
§ 6 Unterweisung der Beschäftigten	Anhand der Gefährdungsbeurteilung Beschäftigte über die ermittelten und verbliebenen Gefährdungen unterrichten beziehungsweise über angepasste Verhaltensweisen in der Arbeitsstätte unterweisen
	Bereitstellung von ausreichenden und angemessenen Informationen in einer für die Beschäftigten verständlichen Form und Sprache
	Maßnahmen zur Gewährleistung der Sicherheit und zum Schutz der Gesundheit der Beschäftigten und arbeitsplatzspezifische Maßnahmen, insbesondere bei Tätigkeiten auf Baustellen oder an Bildschirmgeräten

Die Integration der bisher in § 6 grundlegende Anforderungen zu Arbeits-, Sanitär- und Sozialräume sowie zu Unterkünften in den Anhang der ArbStättV tragen zu mehr Rechtsklarheit bei. Gleichzeitig wird durch eine einheitliche Kennzeichnung eine klarer Bezug zwischen ArbStättV und den Technischen Regeln für Arbeitsstätten (Arbeitsstättenregeln – ASR) hergestellt (Vgl. nachfolgende Übersicht und Tab. 2.2).

Tab. 2.2 Überblick aktuell geltender ASR. (Quellen: www.umwelt-online.de/www.baua.de)

ASR A1.2	Raumabmessungen und Bewegungsflächen
ASR A1.3	Sicherheits- und Gesundheitsschutzkennzeichnung
ASR A1.5/1,2	Fußböden
ASR A1.6	Fenster, Oberlichter, lichtdurchlässige Wände
ASR A1.7	Türen und Tore
ASR A1.8	Verkehrswege
ASR A2.1	Schutz vor Absturz und herabfallenden Gegenständen, Betreten von Gefahrenbereichen
ASR A2.2	Maßnahmen gegen Brände
ASR A2.3	Fluchtwege und Notausgänge, Flucht- und Rettungsplan
ASR A3.4	Beleuchtung
ASR A3.4/3	Sicherheitsbeleuchtung, optische Sicherheitsleitsysteme
ASR A3.5	Raumtemperatur
ASR A3.6	Lüftung
ASR A4.1	Sanitärräume

Anhang	Inhalte/*Schwerpunkte*
Teil 1: Allgemeine Anforderungen	1.1 Anforderungen an Konstruktion und Festigkeit von Gebäuden: *entsprechend der Nutzungsart*
	1.2 Abmessungen von Räumen, Luftraum: *ausreichende Grundfläche und Höhe je nach Nutzung; Größe des Luftraums nach Art der physische Belastung und Anzahl der beschäftigten und sonstigen Personen*
	1.3 Sicherheits- und Gesundheitsschutzkennzeichnung: *als Ergebnis der Gefährdungsbeurteilunge, wenn die Möglichkeiten der technische und organisatorische Maßnahmen begrenzt sind (dauerhaft u/o. vorübergehend)*
	1.4 Energievereiteilungsanlagen: *Schutz der Beschäftigten vor spannungsführenden Teilen, Brand- und Explosionsgefahren*
	1.5 Fußböden, Wände, Decken, Dächer: *Gestaltung Oberflächen, Dämmung, Isolierung, Reinigung, Unebenheiten, Stoplerstellen, Löcher, gefährliche Schrägen, Kennzeichnung (z. Bsp. durchsichtige Wände) etc.*
	1.6 Fenster, Oberlichter: *sicheres Öffnen/Schließen/Verstellen/Arretieren/Reinigen*
	1.7 Türe, Tore: *Lage, Anzahl, Abmessung, Ausführung, Werkstoff nach Art der Nutzung; Kennzeichnung*

	1.8 Verkehrswege: *Begehbarkeit, Sicherheit, Bemessung, Sicherhietsabstände, Begrenzung*
	1.9 Fahrtreppen, Fahrsteige: *Funktionsfähigkeit, Notbefehlseinrichtung, Sicherheitsvorrichtungen*
	1.10 Laderampen: *Auslegung, Abgänge, Sicherheit, Schutzvorrichtungen*
	1.11 Steigleitern, Steigeisengänge: *Schutzvorrichtungen gegen Absturz, Austrittstellen, Haltvorrichtung, Ruhebühnen*
Teil 2: Maßnahmen zum Schutz vor besonderen Gefahren	2.1 Schutz vor Absturz und herabfallenden Gegenständen, Betreten von Gefahrenbereichen: *Schutzvorrichtungen und andere wirksame Maßnahmen, Kennzeichnung*
	2.2 Maßnahmen gegen Brände: *Feuerlöscheinrichtungen, Brandmelder, Alarmanlagen, Warneinrichtunge, Kennzeichnung,*
	2.3 Fluchtwege und Notausgänge: *Anzahl, Abmessung, Anordnung , Zugang, Kennzeichnung*
Teil 3: Arbeitsbedingungen	3.1 Bewegungsflächen: *freie unverstellte Fläche, Bewegungsfreiheit*
	3.2 Anordnung der Arbeitsplätze: *Erreichbarkeit*
	3.3 Ausstattung: *Kleiderablage, Sitzgelegenheiten*
	3.4 Beleuchtung und Sichtverbindung: *ausreichend Tageslicht, Sichtverbindung nach außen, angemessene künstliche Beleuchtung, Sicherheit Beleuchtungsanlagen, Sichereheitsbeleuchtung*
	3.5 Raumtemperatur: *gesundheitlich zuträgliche Raumtemperatur, Abschirmung gegen übermäßige Sonneneinstrahlung*
	3.6 Lüftung: *gesundheitlich zuträgliche Atemluft, Funktionsfähigkeit raumlufttechnischer Anlagen, Warneinrichtungen, kein Luftzug, Ablagerungen und Verunreinigungen*
	3.7 Lärm: *niedriger Schalldruckpegel nach Art des Betriebes*
Teil 4: Sanitär-, Pausen- und Bereitschaftsräume, Kantinen, Erste-Hilfe-Räume und Unterkünfte	4.1 Sanitärräume: *Verfügbarkeit, Anzahl, Verschließbarkeit, Handwaschgelegenheiten, Anordnung, Waschräume (getrennt Männer/Frauen), Erfüllung hygienischer Anforderungen, Desinfektion, Umkleideräume*
	4.2 Pausen- und Bereitschaftsräume: *Verfügbarkeit, geeignete Bedingungen für Schwangere und stillende Mütter, Erreichbarkeit, Anzahl, Ausstattung*
	4.3 Erste-Hilfe-Räume: *Verfügbarkeit, Kennzeichnung, Zugänglichkeit, Ausstattung, Aufbewahrung und Einsatzbereitschaft*
	4.4 Unterkünfte: *Verfügbarkeit, Angemessenheit, Ausstattung*

Teil 5: ***Ergänzende Anforderungen und Maßnahmen für besondere Arbeitsstätten und Arbeitsplätze***	5.1 Arbeitsplätze in nicht allseits umschlossenen Arbeitsstätten und Arbeitsplätze im Freien: *Einrichtung, Nutzung, Schutz gegen Witterungseinflüsse, Persönliche Schutzausrüstung*
	5.2 Baustellen: *Schutz gegen Witterungseinflüsse, Versorgung (Essen/ Trinken), Umkleideräume, gesundheitlich zuträgliche Atemluft, Arbeits- und Schutzkleidung, Feuerlöscheinrichtungen, Brand- und Alarmanlagen, Schutzvorrichtungen und – Maßnahmen, Sicherheitsabstände, Sicherheitsvorkehrungen bei bestimmten Arbeiten, fachkundige Planung und Aufsicht etc.*
Teil 6: ***Maßnahmen zur Gestaltung von Bildschirmarbeitsplätzen***	6.1 Allgemiene Anforderunge an Bildschirmarbeitsplätze: *Einrichtung, Betreiben, Anwendung ergonomische Grundsätze, Erholungszeiten, Arbeitshaltungen und –bewegungen, Oberflächen (Reflexion/Blendung), Arbeitsflächen, Eingabegeräte, Beleuchtung, Wärmebelastung*
	6.2 Allgemeine Anforderungen an Bildschirme und Bildschirmgeräte: *Text- und Grafikdasrtellung, flimmer- und Verzehrfreiheit, Helligkeit, Kontrast, Größe, Form, elektromagnetische Strahlung*
	6.3 Anforderungen an Bildschirmgeräte und Arbeitsmittel für die ortsgebundene Verwendung an Arbeitsplätzen: *Eigenschaften von Bildschirmen, Oberflächen, Tastaturen, Eigenmitteln*
	6.4 Anforderungen an tragbare Bildschirmarbeitsgeräte für die ortsveränderliche Verwendung an Arbeitsplätzen: *Siehe 6.3/6.1*
	6.5 Anforderungen an die Benutzerfreundlichkeit von Bildschirmarbeitsplätzen: *Angemessenheit, geeignete Softwaresysteme, Dialogabläufe, Handhabung, Fehlerbeseitigung, Kontrolle*

In der ArbStättV ist auch festgelegt, dass beim Bundesministerium für Arbeit und Soziales ein Ausschuss für Arbeitsstätten (ASTA) gebildet wird. Die Geschäfte des Ausschusses führt die Bundesanstalt für Arbeitsschutz und Arbeitsmedizin gemäß § 7 der Arbeitsstättenverordnung. Dessen Aufgabe es ist, Arbeitsstättenregeln (ASR) zu erstellen die sich aus den Erkenntnissen der Aufgaben des ASTA ergeben:

- *den Stand der Technik, Arbeitsmedizin und Hygiene entsprechende Regeln und sonstige gesicherte wissenschaftliche Erkenntnisse für die Sicherheit und Gesundheit der Beschäftigten in Arbeitsstätten zu ermitteln,*
- *Regeln und Erkenntnisse zu ermitteln, wie die Anforderungen dieser Verordnung erfüllt werden können, sowie Empfehlungen für weitere Maßnahmen zur Gewährleistung der Sicherheit und zum Schutz der Gesundheit der Beschäftigten auszuarbeiten und*
- *das Bundesministerium für Arbeit und Soziales in allen Fragen der Sicherheit und der Gesundheit der Beschäftigten in Arbeitsstätten zu beraten.*

▶ **Definition** „Die Technischen Regeln für Arbeitsstätten (ASR) konkretisieren die Anforderungen der ArbStättV. Die ASR geben den *Stand der Technik, Arbeitsmedizin und Arbeitshygiene sowie sonstige gesicherte arbeitswissenschaftliche Erkenntnisse für das Einrichten und Betreiben von Arbeitsstätten* wieder."[9]

Wie bei den TRBS kann der AG davon ausgehen, dass, wenn er die ASR anwendet, die Vorgaben der ArbStättV einhält. Eine rechtliche Verpflichtung zur Einhaltung der ASR besteht jedoch wie bei den TRBS nicht. Der AG kann somit von den ASR abweichen, muss aber durch alternative, adäquate Maßnahmen nachweisen, dass er die Vorgaben der ArbStättV umsetzt.

ASR ergänzen somit die ArbStättV, in dem sie *Maßnahmen beschreiben* und *praktische Durchführungshilfen* dafür geben, wie die Schutzziele und Anforderungen der ARbSTättV beim Einrichten und Betreiben von Arbeitsstätten durch den AG erreicht werden können.[10] Tab. 2.2 gibt einen Überblick über die derzeit vorliegenden ASR.

Bei vorsätzlicher oder fahrlässiger Vernachlässigung der Anforderungen der Verordnung handelt der AG ordnungswidrig und wird mit einem Bußgeld bestraft. Bei vorsätzlichem Handeln macht sich der AG gemäß § 26, Abs. 2 des ArbSchG strafbar (vgl. Kap. 4). Weitere Konkretisierungen zur Ordnungswidrigkeiten bietet § 9 der ArbStättV.

▶ **Zusammenfassung:** Die ArbStättV spezifiziert die rechtlichen Grundpflichten des AG aus dem ArbSchG bezogen auf die Einrichtung und den Betrieb von Arbeitsstätten, um Sicherheit und Gesundheitsschutz der Beschäftigten zu gewährleisten. Es werden Anforderungen für die Einrichtung und den Betrieb von Arbeits- und dazugehörigen Räumen sowie Wegen beschrieben. Die Pflicht zur Durchführung einer arbeitsstättenbezogenen Gefährdungsbeurteilung ist enthalten. Die ArbStättV und ihr Anhang wird ergänzt durch ASR.

---

[9]Vgl. http://www.bfga.de/arbeitsschutz-lexikon-von-a-bis-z/fachbegriffe-s-u/technische-regeln-fur-arbeitsstatten-asr.

[10]Vgl. http://www.baua.de/de/thenmen-von-a-z/arbeitsstaetten/information.html.

2.3   Schutz bestimmter Personengruppen

Die rechtlichen Grundpflichten des AG bezogen auf einzelne Personengruppen werden geregelt im:

- Jugendarbeitsschutzgesetz (JArbSChG),
- Mutterschutzgesetz (MuSchG),
- SGB IX (Menschen mit Behinderungen).

Im Folgenden gehen wir beispielhaft auf die Regelungen des SGB IX ein.

Im SGB werden sozialrechtliche Regelungen, sowohl aus dem Bereich der Sozialversicherung (z. B. SGB V-VII) als auch bezogen auf Leistungen staatlicher Fürsorge aus Steuermittel (z. B. SGB II, SGB XII) zu einem zusammenhängenden Gesetzeswerk zusammengefasst. Das SGB gliedert sich in folgende zwölf Teile.[11] Der Schutz der besonderen Personengruppe von Menschen mit Behinderungen wird in SGB IX geregelt. SGB IX wurde 2001 ausgefertigt, die letzte Änderung erfolgte am 14.12.2012.

▶ **Definition** Zweck des SGB IX ist es, die *Selbstbestimmung und gleichberechtigte Teilhabe am Leben in der Gesellschaft Behinderter oder von Behinderung bedrohter Menschen, insbesondere von Frauen und Kindern, zu fördern*, Benachteiligungen zu vermeiden oder diesen entgegenzuwirken. (§ 1)

Abbildung 2.6 stellt die Regelungsbereiche des SGB IX dar.

Wie aus der Abb. 2.6 zu erkennen ist, sind die Regelungstatbestände sehr umfassend und in 2 Teilen sowie in insgesamt 160 Paragrafen geregelt. Wir können hier nicht auf alle Regelungsbereiche eingehen und werden nur auf die für Unternehmen relevanten Abschnitte, nämlich aus Teil 2 auf die Kap. 2–4 im Überblick eingehen.

In Kap. 2 wird eine Beschäftigungspflicht der AG für schwerbehinderte Menschen (§ 71) mit einem bestimmten Umfang (§ 74–76) und die Zahlung einer Ausgleichsabgabe bei Nichteinhaltung dieser Regelungen (§ 77) festgelegt (vgl. nachfolgende Übersicht).

---

[11]http://www.sozialgesetzbuch-sgb.de/.

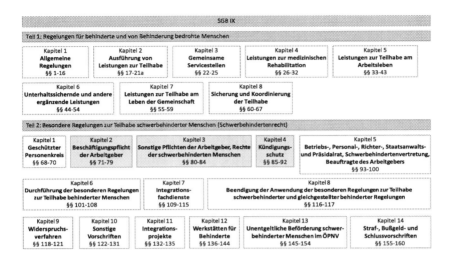

Abb. 2.6 Aufbau und Regelungsbestände des SGB IX. (Quelle: Eigene Darstellung)

Abschnitte	Inhalte
§ 71 *Pflicht* der AG zur *Beschäftigung schwerbehinderter Menschen*	Pflicht privater und öffentlicher AG mit mindestens 20 Arbeitsplätzen mindestens 5 % schwerbehinderter Menschen zu beschäftigen
	Schwerbehinderte Frauen sind besonders zu berücksichtigen
	Ausnahmeregelungen für AG mit jahresdurchschnittlich weniger als 40 bzw. 60 Arbeitsplätzen/Monat
§ 72 Beschäftigung besonderer Gruppen schwerbehinderter Menschen	Benennung der im Rahmen der Beschäftigungspflicht zu beschäftigenden schwerbehinderten Menschen nach: • Art oder Schwere der Behinderung und • Personen, die das 50. Lebensjahr vollendet haben
§ 74 Berechnung der *Mindestzahl von Arbeitsplätzen und der Pflichtarbeitsplätze*	Nichtmitzählung von Stellen für Auszubildende, Rechts- oder Studienreferendare
	Aufrundungspflicht bei sich ergebenen Bruchteilen von 0,5
§ 75 *Anrechnung*	Anrechnung von Teilzeitbeschäftigung Schwerbehinderter mit mehr als 18 h/Woche als vollen Pflichtarbeitsplatz
	Anrechnung von Teilzeitbeschäftigung mit weniger als 18 h/Woche als vollen Pflichtarbeitsplatz, wenn die Teilzeitbeschäftigung wegen Art oder Schwere der Behinderung notwendig ist

Abschnitte	Inhalte
§ 75 *Mehrfachan-rechnung*	Anrechnung eines schwerbehinderten Menschen auf max. drei Pflichtarbeitsplätze, wenn Teilhabe am Arbeitsleben besondere Schwierigkeiten beinhaltet
	Anrechnung eines beruflich auszubildenden Schwerbehinderten auf 2 Pflichtarbeitsplätze
§ 77 *Ausgleichsab-gabe*	Für jeden nicht besetzten Pflichtarbeitsplatz zu entrichten
	Zahlung der Ausgleichsabgabe hebt die Beschäftigungspflicht nicht auf
	Ausgleichsabgabe wird auf Basis der jährlichen Beschäftigungsquote ermittelt (105 € bei 3 % bis weniger, 180 € bei Beschäftigungsquote zwischen 2–3 %, 260 € bei Beschäftigungsquote unter 2 %)
	Sonderregelungen für AG mit 40 bzw. 60 Mitarbeitern/Jahr
	Zu zahlen mit Anzeige an zuständiges Integrationsamt
	Verwendung für besondere Leistungen zur Förderung schwerbehinderter Menschen am Arbeitsleben, nicht für Verwaltungskosten

In Kap. 3 werden weitere Pflichten der AG, z. B. das Zusammenwirken dieser mit der Bundesagentur für Arbeit und den Integrationsämter (§ 80), die *Einladungspflicht* sich beworbener schwerbehinderter Menschen bei Vorliegen der fachlichen Qualifikationen (§ 82) sowie *Rechte der schwerbehinderten Menschen*, z. B. ihre bevorzugte Berücksichtigung bei innerbetrieblichen Maßnahmen der Förderung ihres beruflichen Fortkommens (§ 81) geregelt.

Kapitel 4 umfasst *Regelungen des Kündigungsschutzes.* So bedarf die Kündigung eines schwerbehinderten Menschen der vorherigen Zustimmung des Integrationsamtes (§ 85), was ein entsprechendes Antragsverfahren erfordert (§ 87, 88).

▶ **Zusammenfassung:** Für den Schutz besonderer Personengruppen gibt es im Arbeitsschutzrecht verschiedene gesetzliche Grundlagen. Sie beziehen sich auf (werdende) Mütter, Jugendliche und Menschen mit Behinderungen. Die Integration und Teilhabe behinderter Menschen am Arbeitsleben ist in SGB IX geregelt. Hier wird die Pflicht des AG (ab 20 Arbeitsplätzen) zur Beschäftigung von schwerbehinderten Menschen formuliert und eine Ausgleichsabgabe festgelegt, wenn diese Pflicht nicht eingehalten wird. Das SGB IX formuliert noch weitere Rechte schwerbehinderter Menschen sowie ihren Kündigungsschutz.

2.4   Zusammenfassung betrieblicher Handlungsanforderungen des Arbeitsschutzrechts

Aus den dargestellten Regelungsbereichen des Arbeitsschutzrechtes (rechtliche Grundpflichten der AG und AN, Betriebssicherheits- und Arbeitsstättenrecht, Arbeitszeitregelungen, Schutz bestimmter Personengruppen) können folgende unternehmerische Handlungspflichten subsummiert werden:

- *Beurteilung der Arbeitsbedingungen/Durchführung von Gefährdungsbeurteilungen* sowie Dokumentation der Ergebnisse (z. B. bezogen auf Arbeitsmittel und Arbeitsstätten),
- *Ableitung von Arbeitsschutz- und Gesundheitsschutzzielen sowie Maßnahmen* zu deren Erreichung (z. B. zur Verringerung der bei den Gefährdungsbeurteilungen festgestellten Gefährdungen),
- *Festlegung von verantwortlichen Personen* im Arbeits- und Gesundheitsschutz (z. B. Betriebsarzt, Sifa),
- *Mitwirkung der Beschäftigten* beim Arbeits- und Gesundheitsschutz,
- *Durchführung von Schulungen, Ein- und Unterweisungen* (z. B. über die bei den Gefährdungsbeurteilungen erkannten Gefährdungen und festgelegten Schutzmaßnahmen),
- *Dokumentation* von Erkenntnissen und Maßnahmen zum Arbeits- und Gesundheitsschutz (z. B. durch Betriebsanweisungen),
- *Überwachung und Messung* von sicherheitsrelevanten Faktoren (z. B. regelmäßige Prüfung von Arbeitsmitteln),
- *Festlegung von Maßnahmen zur Notfallvorsorge und Gefahrenabwehr* (z. B. Flucht- und Rettungswege, Erste-Hilfe-Räume und –Material).

Die Umsetzung der betrieblichen Handlungspflichten erfordert die Festlegung von Verantwortlichkeiten, die Übertragung von Pflichten, die Schulung und Unterweisung von Mitarbeitern sowie die Dokumentation all dieser Tätigkeiten im Unternehmen. Ein Arbeitsschutzmanagementsystem ist ein *zweckmäßiges Hilfsmittel, um die bestehenden rechtlichen Anforderungen im Bereich des A&G in systematischer Form umzusetzen (vgl. Essentials „Arbeitsschutzmanagementsysteme nach ISO 45001" und „Arbeitsschutzmanagementsysteme nach OHSAS 18001").*

Autonomes Recht der Unfallversicherungsträger

3

Neben den staatlich erlassenen Gesetzen und Verordnungen sind die Rechtsnormen der gesetzlichen Unfallversicherung die zweite Säule des Arbeitsschutzrechts in Deutschland. Da es in Deutschland eine Vielzahl von Unfallversicherungsträgern gibt, die sich grob in den gewerblichen und landwirtschaftlichen auf der einen Seite und in den öffentlichen Bereich auf der anderen Seite einteilen lassen, werden zunächst Struktur und Arten der gesetzlichen Unfallversicherungsträger dargestellt (Kap. 3.1) und danach die Aufgaben der gesetzlichen Unfallversicherungsträger und ihre Rolle im dualen Arbeitsschutzrecht erläutert (Kap. 3.2). Kap. 3.3 gibt einen Überblick über das berufsgenossenschaftliche Vorschriften- und Regelwerk. Daran anschließend wird die Gliederung des Vorschriften- und Regelwerkes des Dachverbandes der Unfallversicherungsträger (Deutsche Gesetzliche Unfallversicherung (DGUV)) erläutert, welches die Basis für alle Vorschriften und Regelungen der einzelnen Unfallversicherungsträger darstellt.

3.1 Wesen und Struktur der gesetzlichen Unfallversicherung

Die Rechtsgrundlage für die gesetzliche Unfallversicherung bildet das SGB VII „Gesetzliche Unfallversicherung". In diesem sind, wie Abb. 3.1 zeigt, Aufgaben, versicherter Personenkreis, Leistungen im Versicherungsfall, der Präventionsgrundsatz, die zu erbringenden Leistungen, Organisation, Finanzierung usw. der Unfallversicherungsträger geregelt.

Die gesetzlichen Unfallversicherungsträger werden in Deutschland in drei Gruppen eingeteilt (vgl. Abb. 3.2):

© Springer Fachmedien Wiesbaden GmbH, ein Teil von Springer Nature 2018
J. Brauweiler et al., *Arbeitsschutzrecht,* essentials,
https://doi.org/10.1007/978-3-658-21468-5_3

Abb. 3.1 Aufbau und Regelungsbestände des SGB VII. (Quelle: Eigene Darstellung)

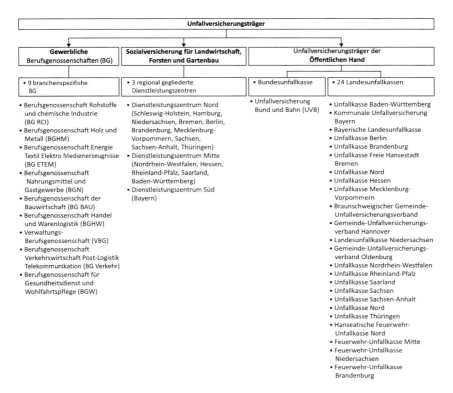

Abb. 3.2 Arten gesetzlicher Unfallversicherungsträger in Deutschland. (Quelle: Eigene Darstellung nach http://www.dguv.de)

a) die *gewerblichen* Berufsgenossenschaften,

b) die *landwirtschaftliche Unfallversicherung innerhalb der Sozialversicherung der Landwirtschaft, Forsten und Gartenbau* und

c) die Unfallversicherungsträger *der öffentlichen Hand*, die sog. Unfallkassen.

Alle Unfallversicherungsträger sind in einem *Dachverband, der Deutschen Gesetzlichen Unfallversicherung (DGUV),* zusammengeschlossen.

Die Finanzierung der Unfallversicherungsträger erfolgt grundsätzlich durch die Beiträge der AG. Die Beitragshöhe ist dabei abhängig von der branchenspezifischen Gefahrenklasse.

Unternehmen, Betriebe und Verwaltungen werden in Deutschland entsprechend ihrer Branche und Region automatisch einem gesetzlichen Unfallversicherungsträger zugeordnet. Dadurch ist jede Person, die in einer der o. g. Einrichtung tätig bzw. aufgenommen ist, *gesetzlich gegen Unfälle, die mit ihrer Tätigkeit bzw. dem Weg dorthin verbunden sind, versichert* (SGB VII, § 2 und 3).

▶ **Definition** Die gesetzliche Unfallversicherung gilt *für AN, Unternehmer, Kinder in Tageseinrichtungen, Schüler und Studierende.* Sie bietet Versicherungsschutz für

a) *Unfälle, am Arbeitsplatz/der Tageseinrichtung/der Schule/Hochschule*

b) *Unfälle auf dem Arbeits- bzw. Einrichtungs-/Schul-/Hochschulweg* (sog. Wegeunfälle) sowie

c) *Berufskrankheiten.*[1]

▶ **Zusammenfassung:** Unternehmen, Organisationen und Einrichtungen sind Pflichtmitglieder der gesetzlichen Unfallversicherung. Ihre Angehörigen (Unternehmer, AN, Kinder, Schüler und Studierende) sind dadurch während ihres Aufenthaltes dort und auf den Wegen dahin gegen Unfälle versichert. Die Unfallversicherungsträger, die sich in gewerbliche Berufsgenossenschaften, landwirtschaftliche Unfallversicherungen sowie die Unfallversicherungsträger der Öffentlichen Hand (Unfallkassen) gliedern lassen, finanzieren sich durch Mitgliedsbeiträge.

---

[1]SGB VII, §§ 2, 7–9.

3.2 Aufgaben der gesetzlichen Unfallversicherung

Grundlegende Aufgabe der gesetzlichen Unfallversicherungsträger ist es:

1. mit allen geeigneten Mitteln *Arbeitsunfälle und Berufskrankheiten sowie arbeitsbedingte Gesundheitsgefahren zu verhüten,*
2. nach Eintritt von Arbeitsunfällen oder Berufskrankheiten die Gesundheit und die *Leistungsfähigkeit der Versicherten* mit allen geeigneten Mitteln *wiederherzustellen* und sie oder ihre Hinterbliebenen *durch Geldleistungen zu entschädigen.*[2]

Auf Basis dieser festgelegten Grundaufgaben können folgende Aufgabenbereiche der gesetzlichen Unfallversicherungsträger abgeleitet werden:

1. *Prävention* (Beratung und Überwachung zu vorbeugenden Maßnahmen zur Verhütung von Unfällen, Berufskrankheiten und Erster Hilfe, Untersuchung von Unfällen, Durchführung von Schulungen)
2. *Erlass von Unfallverhütungsvorschriften* (als autonome Rechtsnormen für die Unternehmen verbindlich),
3. *Ursachenforschung* von arbeitsbedingten Gesundheitsgefahren,
4. Führen eines *Zentralen Informationssystems* (Sammlung, Erfassung von Daten, Dokumenten, Veröffentlichungen),
5. *Rehabilitation* (Heilbehandlungen von Verletzten und Berufskranken Berufseinstiegshilfen für Verletzte),
6. *Entschädigungen* durch Geldleistungen (Verletzten-, Pflege-, Sterbegeld).

In Ergänzung zum staatlichen Arbeitsschutzrecht ist es somit Aufgabe des Autonomen Arbeitsschutzrechts der gesetzlichen Unfallversicherungsträger *Arbeitsschutz- bzw. Unfallverhütungsvorschriften zu erlassen, die Unternehmen bei der Durchführung/Umsetzung dieser zu unterstützen und ihre Einhaltung zu überwachen.* Damit kommt das Autonome Arbeitsschutzrecht einer *Präventionsaufgabe* zur Verhütung von Unfällen, Berufskrankheiten und arbeitsbedingten Erkrankungen nach. Daneben sind die Unfallversicherungsträger nach dem Eintritt von Unfällen oder Berufskrankheiten zuständig für *Rehabilitationsleistungen* zur Wiederherstellung der Gesundheit und Arbeitskraft oder für die *finanzielle Entschädigung* von gesundheitlichen, beruflichen oder finanziellen Folgen von Unfällen oder Berufskrankheiten.[3]

---

[2]Vgl. Kern und Schmauder (2005, S. 228).
[3]Vgl. Kern und Schmauder (2005, S. 228 f.).

„Staatliche Arbeitsschutzinstitutionen und Unfallversicherungsträger ergänzen sich … in ihrer Tätigkeit … (im) … dualen Arbeitsschutzsystem. … (Sie) … wirken gemeinsame, aber mit unterschiedlichen gesetzlichen Grundlagen und Kompetenzen …".[4] Das Wirken staatlicher Institutionen und der gesetzlichen Unfallversicherungsträger im dualen Arbeitsschutzsystem in Deutschland wird in nachfolgender Tabelle zusammenfassend dargestellt (Tab. 3.1).

Von allen Aufgaben der gesetzlichen Unfallversicherungsträger gehen wir nun auf die Entwicklung von Unfallverhütungsvorschriften genauer ein. Dabei werden wir auch das berufsgenossenschaftliche Vorschriften- und Regelwerk genauer vorstellen.

▶ **Zusammenfassung:** Die gesetzlichen Unfallversicherungsträger wirken gemeinsam mit den staatlichen Arbeitsschutzorganisationen im dualen Arbeitsschutzsystem. Sie erlassen Unfallverhütungsvorschriften als autonome und für die Versicherten verbindliche rechtliche Vorschriften, sie unterstützen ihre Mitglieder bei der Umsetzung dieser, überwachen ihre Einhaltung und sind auch für Rehabilitationsmaßnahmen oder finanzielle Entschädigungen bei eingetretenen Schäden zuständig.

Tab. 3.1 Aufgabengebiete staatlicher Institutionen und Unfallversicherungsträger im dualen Arbeitsschutzsystem. (Quelle: Kern und Schmauder (2005, S. 227))

Aufgaben	Staatliche Institutionen	Unfallversicherungsträger
Gesetzgebung	Staatliche Gesetze, Verordnungen	Berufsgenossenschaftliches Vorschriften- und Regelwerk
Prävention, Beratung	Präventive Einwirkung auf den betrieblichen Arbeitsschutz	Fachliche Beratung, Aus- und Weiterbildung betrieblicher Funktionsträger
Überwachung, Kontrolle	Durchführung von Gesetzen und Verordnungen	Durchführung der Berufsgenossenschaftlichen Vorschriften
Spezielle Aufgaben	Technischer Öffentlichkeitsschutz	Rehabilitation, Heilbehandlung, Renten

---

[4]Kern und Schmauder (2005, S. 226).

3.3 Überblick über das berufsgenossenschaftliche Vorschriften- und Regelwerk

Wie erwähnt, sind die Träger der gesetzlichen Unfallversicherung nach § 15 des SGB VII ermächtigt, *Unfallverhütungsvorschriften als autonome Rechtsnormen* zu erlassen. Dort ist folgendes geregelt:

1. Die Unfallversicherungsträger können unter Mitwirkung der Deutschen Gesetzlichen Unfallversicherung e. V. als autonomes Recht Unfallverhütungsvorschriften über Maßnahmen zur Verhütung von Arbeitsunfällen, Berufskrankheiten und arbeitsbedingten Gesundheitsgefahren oder für eine wirksame Erste Hilfe erlassen, soweit dies zur Prävention geeignet und erforderlich ist und staatliche Arbeitsschutzvorschriften hierüber keine Regelung treffen; in diesem Rahmen können Unfallverhütungsvorschriften erlassen werden....[5]

Die Unfallverhütungsvorschriften gelten für Mitgliedsbetriebe der Versicherungsträger und die Versicherten. Im Zuge der Verschlankung des Vorschriften- und Regelwerks im Arbeitsschutz erfolgte in jüngster Vergangenheit eine Vereinheitlichung der Unfallverhütungsvorschriften (DGUV Vorschriften) der verschiedenen Unfallversicherungsträger. Die DGUV Vorschrift 2 existiert weiterhin in verschiedenen – marginal voneinander abweichenden – Fassungen unterschiedlicher Unfallversicherungsträger. In Tab. 3.2 werden die derzeit gültigen DGUV Vorschriften (DGUV-V) dargestellt.

Diese Vorschriften werden *ergänzt durch Regeln, Informationen und Grundsätze.* Diese ergänzen sich wie folgt:

- Vorschriften sind Unfallverhütungsvorschriften, die als *autonome Rechtsvorschriften* für alle Mitglieder verbindlich sind.
- Regeln *konkretisieren und erläutern Unfallverhütungsvorschriften*, sie enthalten Lösungen, die der Verbesserung von Sicherheit und Gesundheit bei der Arbeit dienen.
- Informationen *geben Hinweise und Empfehlungen*, die die praktische Anwendung von Regelungen zu einem bestimmten Sachverhalt erleichtern sollen.
- Grundsätze enthalten *Maßstäbe in bestimmten Verfahrensfragen*, z. B. hinsichtlich der Durchführung.

---

[5]SGB VII, § 15, Abs. 1.

Tab. 3.2 Überblick über die Unfallverhütungsvorschriften der Deutschen Gesetzlichen Unfallversicherung (DGUV). (Quelle: http://publikationen.dguv.de/dguv/udt_dguv_main. aspx?QPX=TUlEPTEwMDEmQ0lEPTEwMDEz (Stand März 2018))

Nummer der DGUV Vorschrift	Titel der DGUV Vorschrift
DGUV Vorschrift 1	Grundsätze der Prävention
DGUV Vorschrift 2	Betriebsärzte und Fachkräfte für Arbeitssicherheit
DGUV Vorschrift 3, 4	Elektrische Anlagen und Betriebsmittel
DGUV Vorschrift 6, 7	Arbeitsmedizinische Vorsorge
DGUV Vorschrift 11, 12	Laserstrahlung
DGUV Vorschrift 13	Organische Peroxide
DGUV Vorschrift 15, 16	Elektromagnetische Felder
DGUV Vorschrift 17, 18	Veranstaltungs- und Produktionsstätten für szenische Darstellung
DGUV Vorschrift 19	Schausteller- und Zirkusunternehmen
DGUV Vorschrift 20	Spielhallen, Spielcasinos und Automatensäle von Spielbanken
DGUV Vorschrift 21, 22	Abwassertechnische Anlagen
DGUV Vorschrift 23, 24	Wach- und Sicherungsdienste
DGUV Vorschrift 25, 26	Kassen
DGUV Vorschrift 29	Steinbrüche, Gräbereien und Halden
DGUV Vorschrift 32	Kernkraftwerke
DGUV Vorschrift 33	Stahlwerke
DGUV Vorschrift 34	Metallhütten
DGUV Vorschrift 35	Hochöfen und Direktreduktionsschachtöfen
DGUV Vorschrift 36	Hafenarbeiten
DGUV Vorschrift 37	Hafenarbeit
DGUV Vorschrift 38, 39	Bauarbeiten
DGUV Vorschrift 40	Taucherarbeiten
DGUV Vorschrift 42	Zelte und Tragluftbauten
DGUV Vorschrift 43, 44	Müllbeseitigung
DGUV Vorschrift 45	Schiffbau
DGUV Vorschrift 48	Straßenreinigung
DGUV Vorschrift 49	Feuerwehren
DGUV Vorschrift 50, 51	Chlorung von Wasser

(Fortsetzung)

Tab. 3.2 (Fortsetzung)

Nummer der DGUV Vorschrift	Titel der DGUV Vorschrift
DGUV Vorschrift 52, 53	Krane
DGUV Vorschrift 54, 55	Winden, Hub- und Zuggeräte
DGUV Vorschrift 56, 57	Arbeiten mit Schussapparaten
DGUV Vorschrift 58	Herstellen und Bearbeiten von Aluminiumpulver
DGUV Vorschrift 59	Wärmebehandlung von Aluminium oder Aluminiumknetlegierungen in Salpeterbädern
DGUV Vorschrift 60, 61	Wasserfahrzeuge mit Betriebserlaubnis auf Binnengewässern
DGUV Vorschrift 62, 63	Maschinenanlagen auf Wasserfahrzeugen und schwimmenden Geräten
DGUV Vorschrift 64	Schwimmende Geräte
DGUV Vorschrift 65	Druckluftbehälter auf Wasserfahrzeugen
DGUV Vorschrift 66	Sprengkörper und Hohlkörper im Schrott
DGUV Vorschrift 67, 68, 69	Flurförderzeuge
DGUV Vorschrift 70, 71	Fahrzeuge
DGUV Vorschrift 72	Eisenbahnen
DGUV Vorschrift 73	Schienenbahnen
DGUV Vorschrift 74	Seilschwebebahnen und Schlepplifte
DGUV Vorschrift 77, 78	Arbeiten im Bereich von Gleisen
DGUV Vorschrift 79, 80	Verwendung von Flüssiggas
DGUV Vorschrift 81	Schulen
DGUV Vorschrift 82	Kindertageseinrichtungen
DGUV Vorschrift 84	Unfallverhütungsvorschriften für Unternehmen der Seefahrt

Aufgrund der Komplexität des Regelwerkes und der Vielzahl der Unfallversicherungsträger ist es nicht möglich und zweckmäßig, das berufsgenossenschaftliche Regel- und Vorschriftenwerk im Einzelnen vorzustellen. Es wird daher empfohlen, anhand der konkreten Branche sich über die Vorschriften, Regeln, Informationen und Grundsätze der zuständigen Berufsgenossenschaft zu informieren.

Das Vorschriften- und Regelwerk der einzelnen Unfallversicherungsträger leitet sich aus dem Vorschriften- und Regelwerk des Dachverbandes, der DGUV ab. Dieser gibt derzeit gültige Vorschriften, Regeln, Informationen, sowie Grundsätze heraus, welche in Fachbereichen und durch Sachgebiete der DGUV entwickelt werden.

Seit Mai 2014 gilt hierfür eine neue, vereinheitlichende und bereinigende Systematik. Ziel dieser Systematisierung ist die Entwicklung eines schlanken Vorschriften- und Regelwerkes im Arbeitsschutz, das transparent und frei von Doppelregelungen ist. Das ist eines der Ziele der Gemeinsamen Deutschen Arbeitsschutzstrategie (GDA), welches in dem Leitlinienpapier zur Neuordnung des Vorschriften- und Regelwerks im Arbeitsschutz festgehalten wurde. Die Systematik ist folgendermaßen aufgebaut:[6]

- Allgemeingültige Schriften werden mit dem Zahlencode 00 bezeichnet (z. B. DGUV Regel 100-001: Grundsätze der Prävention).
- Vorschriften werden mit den Zahlen 1–99, Regeln mit den Zahlen 100–199, Informationen mit den Zahlen 200–299 und Grundsätze mit Zahlen ab 300 nummeriert.
- Bei mehr Veröffentlichungen als Zahlen werden in der Kategorie zusätzliche Zahlen mit Bindestrich eingeführt (z. B. DGUV Regel 103-011: Arbeiten unter Spannung an elektrischen Anlagen und Betriebsmitteln).
- Aus dem Zahlencode sind des Weiteren auch die Fachbereiche der DGUV erkennbar, denen Kennzahlen von 1–15 zugeordnet sind (z. B. 1 Bauwesen, 2 Bildungseinrichtungen, 3 Energie, Textil, Elektro, Medienerzeugnisse usw.).

In der mehrjährigen, seit 2014 andauernden Übergangsphase ist neben der neuen, vereinheitlichten auch die jeweils bisher verwendete Systematik im Gebrauch. Die DGUV hat dafür eine Transferliste zur Übersetzung zwischen alter und neuer Systematik bereitgestellt.[7] Abbildung 3.3. zeigt Aufbau und Umfang des Vorschriften- und Regelwerkes des DGUV.

Die beiden grundlegenden Vorschriften sind die Vorschrift 1 und 2. Die DGUV Vorschrift 1 „Grundsätze der Prävention" enthält in Ergänzung des ArbSchG und des ASiG wesentliche Bestimmungen über die Unfallverhütung. Das sind u. a.:

- *Pflichten des Unternehmers*
  Zu den wichtigsten Pflichten des Unternehmers gehören die Beurteilung der Arbeitsbedingungen einschließlich Dokumentation, die Unterweisung der Versicherten und die Pflichtenübertragung.
- *Pflichten der Versicherten*
  Zu den Pflichten der Versicherten gehören u. a. das richtiges Verhalten, die Benutzung von Einrichtungen, Arbeitsmitteln und Arbeitsstoffen.

---

[6]Vgl. http://publikationen.dguv.de/dguv/xparts/documents/DGUV-Forum_4-13.pdf.
[7]Vgl. http://publikationen.dguv.de/dguv/DGUV_Regelwerk/DGUV_Regelwerk.xls.

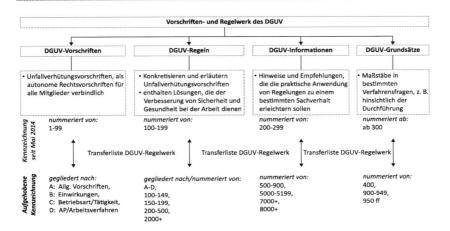

Abb. 3.3 Aufbau und Inhalte des Vorschriften- und Regelwerkes des DGUV. (Quelle: Eigene Darstellung)

- *Organisation des betrieblichen Arbeitsschutzes*
  Zur Organisation gehören u. a. die Bestellung von Fachkräften für Arbeits-sicherheit und Betriebsärzten sowie Sicherheitsbeauftragte, die Festlegung Notfallmaßnahmen, Organisation der Ersten Hilfe, Bereitstellung Persönlicher Schutzausrüstung.

Ergänzt wird die DGUV Vorschrift 1 durch die DGUV Regel 100-001, die konkrete Erläuterungen zu den einzelnen Paragraphen der DGUV Vorschrift 1 enthält.

In der DGUV Vorschrift 2 „Betriebsärzte und Fachkräfte für Arbeitssicherheit" werden die Maßnahmen, welche ein Unternehmer zur Erfüllung der sich aus dem ASiG ergebenden Pflichten zu treffen hat, näher bestimmt. Dazu zählen u. a. die Bestellung von Betriebsärzten und Fachkräften für Arbeitssicherheit sowie deren jeweilige arbeitsmedizinische bzw. sicherheitstechnische Fachkunde.

▶ **Zusammenfassung:** Das berufsgenossenschaftliche Vorschriften- und Regel-werk besteht aus Vorschriften, Regeln, Informationen und Grundsätzen. Auf Basis des Vorschriften- und Regelwerkes des DGUV geben die einzelnen Berufsgenos-senschaften und Unfallkassen ihre Vorschriften, Regeln, Informationen und Grund-sätze heraus. Das Vorschriften- und Regelwerk des DGUV wurde zum Mai 2014 neu systematisiert und inhaltlich konkretisiert. Für die mehrjährige Übergangsphase zwischen neuer und alter Systematik hat die DGUV eine Transferliste bereitgestellt.

Haftungsfragen im Arbeitsschutz

Das Nichteinhalten von Arbeitsschutzvorschriften ist in der Regel nicht strafbewehrt, solange der Verstoß gegen die Bestimmungen keine schwerwiegenden Folgen (Personenschäden) hat. Solange die Nicht-Einhaltung nicht von der Gewerbeaufsicht oder der zuständigen Unfallversicherung angemahnt wird, sind keine Rechtsfolgen zu erwarten. Für den Fall eines Unfalls, der sich auf das Nichteinhalten dieser Schutzbestimmungen zurückführen lässt, ist jedoch vielfältige Folgen zu rechnen (vgl. Tab. 4.1). Diese können sein:

- *strafrechtlicher Art* (Bußgeld bei Ordnungswidrigkeiten, Geldstrafe und Freiheitsstrafen bei strafrechtlichen Delikten),
- *zivilrechtlicher Art* (evtl. Schadenersatz) oder
- *sozialrechtlicher Art* (z. B. Regress gegenüber Unfallversicherungsträgern).

Haftungsmaßstab ist, ob der Unfall *vorsätzlich oder grob fahrlässig* hervorgerufen oder *(leicht) fahrlässig* in Kauf genommen wurde. Absichtliche, also mit Vorsatz hervorgerufene Arbeitsunfälle, dürften die absolute Ausnahme sein. Im Regelfall wird der Unfall sich auf das Außerachtlassen der im Verkehr üblichen Sorgfalt, also auf Fahrlässigkeit, zurückführen lassen. Zu klären ist im Einzelfall, ob das Außerachtlassen einer Arbeitsschutzvorschrift nur (leicht) fahrlässig war, oder ob die Sorgfalt im besonderen Maße nicht beachtet wurde, also grobe Fahrlässigkeit vorliegt. Im Falle der groben Fahrlässigkeit kann die zuständige gesetzliche Unfallversicherung die für einen Unfall getätigten Aufwendungen vom versicherten Unternehmen bzw. der grob fahrlässig handelnden Person zurückverlangen (Regress). Ist ein Personenschaden eingetreten, nimmt die Staatsanwaltschaft

---

Der folgende Abschnitt basiert auf Will 2015.

© Springer Fachmedien Wiesbaden GmbH, ein Teil von Springer Nature 2018
J. Brauweiler et al., *Arbeitsschutzrecht, essentials*,
https://doi.org/10.1007/978-3-658-21468-5_4

Tab. 4.1 Formen der Haftung im Arbeitsschutz

Zivilrechtliche Haftung	Haftung des Schädigers ggü. einem Geschädigtem
	Schadensersatzpflicht für Sach- und Personenschäden bei widerrechtlichen und schuldhaften, d. h. vorsätzlichen oder fahrlässigen Handlungen
	Rechtsgrundlage: BGB (§ 823, u. a.)
	Beispiel: Mitarbeiter A nachweislich hat eine Schutzeinrichtung an einer Maschine entfernt, ohne diese stillzulegen (grobe Fahrlässigkeit). Mitarbeiter B verletzt sich bei seiner Arbeit mit der Maschine. Für Sach- und Personenschäden muss Mitarbeiter A vollumfänglich Haften und Schadensersatz ggü. Mitarbeiter B leisten und ggf. Schmerzensgeld zahlen[a]
Sozialrechtliche Haftung	Gefährdungshaftung: ein Unternehmer haftet für alle Schäden, die seine Mitarbeiter bei der Arbeit erleiden
	Haftungsprivileg: Haftpflicht im ungesetzlichen Unfallversicherungsschutz vom Unternehmer auf die Berufsgenossenschaften übertragen; Unternehmen zahlen dafür Beiträge an die Unfallversicherungträger (z. B. Berufsgenossenschaften)
	Regressnahme beim Schädiger im Falle von Vorsatz oder Fahrlässigkeit möglich
	Rechtsgrundlage: SGB VII (§§ 104,105, u. a.)
	Beispiel: Ein Unternehmer lässt zu, dass ein versicherter Mitarbeiter ohne Sicherheitseinrichtung auf einem Dach arbeitet. Es handelt sich um grobe Fahrlässigkeit, der Unfallversicherungträger wird in Regress gehen
Ordnungswidrigkeiten	Pflichtverletzungen und Verstöße gegen Unfallverhütungsvorschriften oder behördliche Anordnungen werden als Ordnungswidrigkeiten betrachtet
	Rechtsfolgen u. a. Verwarn- oder Bußgelder gegen Unternehmen/Geschäftsführer
	Rechtsgrundlagen: z. B. §§ 56, 130 OWiG; § 209 SGB VII; § 98 SGB X
	Beispiel: Ein Bußgeld kann verhängt werden, wenn eine Unfallanzeige nicht oder nicht rechtzeitig erstattet wurde oder wenn gegen Auskunfts- und Vorlagepflichten ggü. einer Aufsichtsbehörde verstoßen wurde

(Fortsetzung)

Tab. 4.1 (Fortsetzung)

Strafrechtliche Haftung	Vorwurf der fahrlässigen Körperverletzung bzw. fahrlässigen Tötung bei schuldhaftem Handeln mit Vorsatz oder Fahrlässigkeit oder unterlassener Hilfeleistung;
	Rechtsfolgen: Geld- und Freiheitsstrafen möglich
	Rechtsgrundlage: §§ 222, 223 StGB
	Beispiel: Ein Mitarbeiter verschüttet versehentlich einen Flüssigkeitsbehälter und hinterlässt eine glatte, rutschige Stelle. Es ist ohne weiteres vorhersehbar, dass Kollegen ausrutschen können. Im Schadensfall handelt es sich um eine zwar ungewollte, aber fahrlässige Körperverletzung
Arbeitsrechtliche Haftung	Verstoß gegen Unfallverhütungsvorschriften kann durch den AN mit Abmahnungen bis hin zu Kündigungen sanktioniert werden
	Beispiel: Ein Mitarbeiter trägt seine Persönliche Schutzausrichtung nicht oder weigert sich, Handläufe an Treppen zu benutzten. Der Verstoß gegen Unfallverhütungsvorschriften kann mit einer Abmahnung geahndet werden

[a] Da es sich um einen Arbeitsunfall handelt, gilt zunächst das Haftungsprivileg. Der Unfallversicherungsträger übernimmt die Behandlungskosten, kann aber Regressansprüche geltend machen

Ermittlungen auf. Lässt sich der Personenschaden auf die Nichteinhaltung von geltenden Arbeitsschutzbestimmungen zurückführen, sind Bußgelder, Geld- und sogar Freiheitsstrafen denkbar.[1]

4.1 Haftung von Personengruppen

Haftungsfragen *unterscheiden sich je nach Mitarbeitergruppe* im Unternehmen. Wie in Abb. 4.1 ersichtlich, *nimmt das Ausmaß der Verantwortung von „oben nach unten"*, also von der Geschäftsleitung und den Führungskräften zu besonders Beauftragten Personen bis zur sonstigen Belegschaft *ab.*

---

[1]siehe zu Arten der Fahrlässigkeit, Vorsatz, rechtswidrigem Handeln und Strafmaß Einhaus, Lugauer, Häußinger, 2018, S. 20–24.

Abb. 4.1 Verantwortungspyramide. (Quelle: Will 2015)

4.2 Haftung des Unternehmers

Der AG bzw. Unternehmer ist der Hauptadressat der Arbeitsschutzvorschriften. Er muss dafür sorgen, dass die Gesundheitsgefährdung der Mitarbeiter so gering wie möglich ist. Voraussetzung dafür ist, dass die Gefahren bekannt sind und regelmäßig erfasst und geprüft werden (Gefährdungsbeurteilung). Er ist dafür zuständig, dass Vorschriften des Arbeits- und Gesundheitsschutzes eingehalten und die damit verbundenen Pflichten erfüllt werden. Die Sifa und der Betriebsarzt sowie die Sicherheitsbeauftragten können den Unternehmer bei der Wahrnehmung seiner Verantwortung beraten und unterstützen.

Der Unternehmer hat eine Vielzahl von Pflichten zu erfüllen (vgl. Kap. 2.4). Einige davon können an qualifizierte Führungskräfte und Mitarbeiter schriftlich übertragen werden (sogenannte Pflichtenübertragung). Die übertragenden Aufgaben müssen dann in „eigener Verantwortung" von der jeweiligen Führungskraft ausgeführt werden (z. B. Durchführung von Gefährdungsbeurteilungen, Organisation der arbeitsmedizinischen Vorsorge, Berücksichtigung des Gesundheitsschutzes bei Planung und Beschaffung, Organisation von Notfallmaßnahmen/Erste Hilfe usw.). Es besteht eine Durchführungspflicht und dadurch auch eine Haftpflicht im selben Ausmaß wie die des Unternehmers. Allerdings kann sich der Unternehmer seiner Verantwortung nicht vollständig entziehen bzw. seine Verantwortung komplett auf andere Führungskräfte abwälzen. Dem Unternehmer verbleibt immer die Gesamtverantwortung für die Organisation und Aufsicht, die sich aus seinem Direktionsrecht, also einer übergeordneten Weisungsbefugnis ergibt. Letztlich kann der Unternehmer das Rechtsrisiko nur im Bereich der Ordnungswidrigkeiten abwälzen. Der Unternehmer kann die Verantwortung für folgende Bereiche nicht abgeben, sie bleiben „Chefsache" (vgl. auch Abb. 4.2):

- *Organisationspflichten*: geeignete Organisationsformen (Aufbau- und Ablauforganisation) für den Arbeits-, Umwelt- und Gesundheitsschutz zu implementieren und weiterzuentwickeln
- *Auswahlpflichten*: bei der Auswahl der Personen an die er Pflichten überträgt, muss der Unternehmer besonders sorgsam vorgehen. Qualifikation und Kompetenzen („soft skills") müssen dabei berücksichtigt werden, ggf. sind polizeiliche Führungszeugnisse einzusehen.
- *Aufsichtspflichten*: die Tätigkeiten sowie organisatorischen und personellen Maßnahmen regelmäßig zu überwachen.

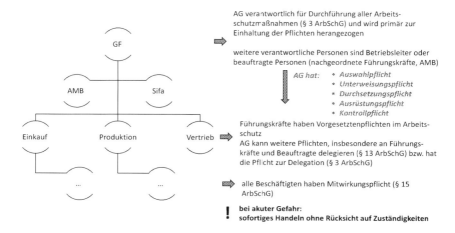

Abb. 4.2 Aufgaben von Arbeitgeber, Führungskräften und Beschäftigten im Arbeitsschutz

4.3 Haftung der Führungskräfte

Führungskräfte haften entsprechend ihrer Befugnisse und Kompetenzen. Verantwortung ist untrennbar mit der Führungsaufgabe verbunden, denn Führungskräfte haben im Arbeitsschutz sog. originäre Vorgesetztenpflichten aufgrund ihrer Funktion, auch ohne Delegation gemäß ArbSchG § 15, 16 (vgl. Tab. 4.2). Zusätzlich *können besondere Aufgaben bzw. Unternehmerpflichten auf sie übertragen werden.* Dies sind die sog. übertragenen Arbeitgeberpflichten gemäß ArbSchG § 13 (vgl. Tab. 4.2). Führungskräfte können damit in eine Garantenstellung gelangen[2]. Sie nehmen Aufgaben „in eigener Verantwortung" war und haften dafür im selben Ausmaß wie der AG. Grundsätzlich gilt also: *Ohne Befugnisse und Kompetenzen gibt es keine Verantwortung.* Es gilt aber im Umkehrschluss auch, dass die Übertragung von Kompetenzen (und damit Macht) immer mit Verantwortung verbunden ist. Wer es ablehnt Verantwortung zu übernehmen, ist als Führungskraft nicht geeignet. Alle Mitarbeiter mit Weisungsbefugnissen gegenüber anderen Beschäftigten gelten als Führungskräfte. Allein *aus der Weisungsbefugnis und der resultierenden Personalverantwortung, ergibt sich* für Vorgesetzte und aufsichtsführendes Personal automatisch *eine besondere Verantwortung für den Arbeitsschutz.* Dies gilt auch für vorübergehende Weisungsbefugnisse, z. B. beim

Tab. 4.2 Unterscheidung zwischen originären Vorgesetzten- und übertragbaren Arbeitgeberpflichten bei Führungskräften

Originäre Vorgesetztenpflichten (§ 15 und 16 ArbSchG)	Übertragene Arbeitgeberpflichten (§ 13 ArbSchG)
• Weisungen des AG durchsetzen	• Gefährdungen ermittn
• Sicherheit und Arbeitsschutz gewährleisten	• Maßnahmen durchsetzen
• Umsetzung Arbeitsschutz kontrollieren	• Unterweisungen durchführen
• Bestimmungsgerechte Verwendung Transportmittel, Maschinen, Werkzeuge, Persönliche Schutzausrüstung sicherstellen	• Schulungen planen und umsetzen
	• Besonders schutzbedürftige Beschäftige schützen
	• Umsetzung Arbeitsschutz kontrollieren
	• ggf. Pflichten weiter delegieren

---

[2]Siehe zur Garantenstellung Einhaus, Lugauer, Häußinger, 2018, S. 22.

Anlernen eines neuen Mitarbeiters oder beim Umgang mit Azubis. Eine *gesonderte schriftliche Vereinbarung ist nicht notwendig*, die Verantwortung ergibt sich allein aus der weisungsberechtigten Stellung im Unternehmen. Der Verantwortungsbereich einer Führungskraft endet dort, wo die auf sie übertragenden Befugnisse und Zuständigkeiten enden und sie mit den ihr zur Verfügung stehenden Mitteln den Eintritt eines Unfalls nicht verhindern kann. Führungskräfte haben unbenommen die Pflicht, Mängel an denen sie selbst nichts ändern können, an übergeordnete Vorgesetzte zu melden. Bei akuten Gefahren müssen sie vorläufige Sicherheitsmaßnahmen veranlassen, wollen sie sich nicht dem Vorwurf der unterlassenen Hilfeleistung aussetzen.

4.4   Haftung der Fachkraft für Arbeitssicherheit und des Betriebsarztes

Die Sifa berät die Führungskräfte und Unternehmer zu allen Fragen der Arbeitssicherheit und humanen Gestaltung der Arbeit. Neben der Beratung gehören auch die Überprüfung von Betriebsanlagen, das Aufdecken von Sicherheitsmängeln, das Vorschlagen von Präventionsmaßnahmen und die Ermittlung von Unfallursachen zu ihren Aufgabenfeldern. Sie soll auch möglichst motivierend auf die Beschäftigten einwirken und sie zu sicherheitsgerechtem Verhalten anregen (vgl. Kap. 2.1).

Mit der beratenden Tätigkeit der „reinen Sifa" sind *keine Weisungsbefugnisse* und damit *keine unmittelbare Möglichkeiten* verbunden, *sicherheitswidrige Umstände zu verändern*. Die Entscheidung über die Durchführung von Arbeitssicherheitsmaßnahmen treffen der Unternehmer oder die zuständigen Führungskräfte.

Die Sifa trägt daher Verantwortung lediglich für den Bereich ihrer Pflichten und der Richtigkeit ihrer Beratung. Kann nachgewiesen werden, dass die Sifa ihre Pflichten nicht ordnungsgemäß erfüllt hat oder evident falsche Beratung geleistet hat und es hierdurch zu einem Unfall gekommen ist, so muss damit gerechnet werden, dass Haftungsansprüche aufkommen. Außer bei vorsätzlichen oder grob fahrlässigen Handlungen im direkten Zusammenhang zu einem Unfallgeschehen, dürfte sich der Haftungsanspruch auf den Bereich des Arbeitsrechtes einschränken. Die Verantwortung der Führungskräfte zur Überwachung, Einweisung und besonderen Achtsamkeit bei der Mitarbeiterauswahl wird hier nicht eingeschränkt. Unternehmer und Führungskräfte tragen letztlich die Gesamtverantwortung. Dennoch hat die Sifa eine sehr verantwortungsvolle und wichtige Aufgabe im Betrieb. Es bleibt letztlich von deren Pflichtbewusstsein und Know-How

entscheidend abhängig, ob für die Mitarbeiter sichere und gesunde Arbeitsver-
hältnisse geschaffen, aufrechterhalten und verbessert werden können. Falls die
eigene Sachkenntnis an Grenzen gelangt, sollte eine verantwortungsvolle Sifa
andere Fachleute heranziehen.

Betriebsärzte sind im Bereich der Anwendung ihrer Fachkunde *weisungsbe-
rechtigt* und *tragen* insofern auch *die alleinige Verantwortung.* Sollte ihm nachgewiesen werden können, dass er gegen die Sorgfaltspflicht verstößt oder eine
falsche Beratung durchgeführt hat, so kann er zur Rechenschaft gezogen werden.

4.5   Haftung „normaler" Mitarbeiter

Betriebsangehörige ohne Weisungsbefugnis sind *nur für ihr eigenes Handeln
verantwortlich* und *haften nur bei vorsätzlichen oder fahrlässigen Handlungen.*
Unterlassen sie Hilfeleistung oder tragen nicht zur Eindämmung einer zuvor
geschaffenen Gefahr bei, müssen sie unter Umständen strafrechtlich haften. Zivil-
rechtliche Haftungsfragen treten auf, wenn Mitarbeiter ihre allgemeinen Pflichten
nicht erfüllt haben. Es können dann Schadensersatzansprüche angemeldet werden.
Schutz dagegen bieten möglicherweise entsprechende Haftpflichtversicherungen.

▶ **Zusammenfassung:** Werden arbeitsschutzrechtliche Vorschriften nicht
beachtet oder kommt es durch fahrlässige oder gar vorsätzliche Handlungen zu
Sach- und Personenschäden, müssen die verantwortlichen Personen haften. Das
Ausmaß der Haftung ergibt sich zunächst aus der Stellung im Unternehmen
und den damit verbundenen Weisungsbefugnissen. Der Unternehmer trägt die
Gesamtverantwortung, kann aber bestimmte Pflichten auf Führungskräfte übertragen. Nicht weisungsbefugte Mitarbeiter haften i. d. R. nur, wenn ihnen grobe
Fahrlässigkeit oder Vorsatz nachgewiesen werden kann. In Deutschland gilt das
sogenannte Haftungsprivileg. Die Unfallversicherungsträger übernehmen die
Kosten für die Behandlung und Rehabilitation von Arbeitsunfällen. Dafür zahlen die Unternehmen entsprechende Unfallversicherungsbeiträge. Der Unfallversicherungsträger kann die Verursacher jedoch in Regress nehmen, wenn grobe
Fahrlässigkeit oder Vorsatz nachgewiesen werden kann.

Was Sie aus diesem *essential* mitnehmen können

- ein solides Verständnis von Wesen und Aufgaben des dualen Arbeitsschutzrechts in Deutschland
- fundierte Kenntnisse der Regelungen der wichtigsten deutschen Arbeitsschutzgesetze und -verordnungen,
- einen guten Überblick über Systematik und Regelungsschwerpunkte des Autonomen Rechts der Unfallversicherungsträger,
- einen ersten Einblick in Fragen der Haftung unterschiedlicher Mitarbeitergruppen eines Unternehmens im Arbeitsschutz

© Springer Fachmedien Wiesbaden GmbH, ein Teil von Springer Nature 2018
J. Brauweiler et al., *Arbeitsschutzrecht,* essentials,
https://doi.org/10.1007/978-3-658-21468-5

Zum Weiterlesen

ArbSchG Arbeitsschutzgesetz. Gesetz über die Durchführung von Maßnahmen des Arbeitsschutzes zur Verbesserung der Sicherheit und des Gesundheitsschutzes der Beschäftigten bei der Arbeit. http://www.gesetze-im-internet.de/arbschg/.

ArbStättV Arbeitsstättenverordnung. Verordnung über Arbeitsstätten. http://www.gesetze-im-internet.de/arbst_ttv_2004.

ASiG Arbeitssicherheitsgesetz. Gesetz über Bestellung von Betriebsärzten, Sicherheitsingenieuren und anderen Fachkräften für Arbeitssicherheit. http://www.gesetze-im-internet.de/asig/.

BetrSichV Betriebssicherheitsverordnung. Verordnung über Sicherheit und Gesundheitsschutz bei der Bereitstellung von Arbeitsmitteln und deren Benutzung bei der Arbeit, über Sicherheit beim Betrieb überwachungsbedürftiger Anlagen und über die Organisation des betrieblichen Arbeitsschutzes. http://www.gesetze-im-internet.de/betrsichv.

DGUV. (2011). Betriebsärzte und Fachkräfte für Arbeitssicherheit, Unfallverhütungsvorschrift, DGUV Vorschrift 2

DGUV. (2012a). Die Fachkraft für Arbeitssicherheit – Zeitgemäßer Arbeitsschutz, Präventionsverständnis, Anforderungsprofil, Ausbildung, BG/GUV 80.0.

DGUV. (2012b). Ausbildung zur Fachkraft für Arbeitssicherheit – Fernlehrgang mit Präsenzphasen bei der Deutschen Gesetzlichen Unfallversicherung, BG/GUV 80.2.

Einhaus, M., Lugauer, F., & Häußinger, C. (2018). *Arbeitsschutz und Sicherheitstechnik, Der Schnelleinstieg für (angehende) Führungskräfte: Basiswisen, Haftung, Gefährdungen, Rechtslage.* München: Hanser.

Kern, P., & Schmauder, M. (2005). *Einführung in den Arbeitsschutz.* München: Hanser.

Lehder, G. (2011). *Taschenbuch Arbeitssicherheit* (12. Aufl.). Bielefeld: E. Schmidt.

SGB VII Siebtes Sozialgesetzbuch. Gesetzliche Unfallversicherung. http://www.gesetze-im-internet.de/sgb_7/index.html.

SGB IX. Rehabilitation und Teilhabe behinderter Menschen. http://www.gesetze-im-internet.de/sgb_9/index.html.

Will, M. (2015). Haftung und Verantwortung im Umwelt- und Arbeitsschutz. Lernheft WIR 815. AKAD Bildungsgesellschaft mbH. www.umwelt-online.de.

© Springer Fachmedien Wiesbaden GmbH, ein Teil von Springer Nature 2018
J. Brauweiler et al., *Arbeitsschutzrecht,* essentials,
https://doi.org/10.1007/978-3-658-21468-5

Printed in the United States
By Bookmasters